会社と社会の読書会

コクヨ野外学習センター／WORKSIGHT＝編
畑中章宏　若林恵　山下正太郎　工藤沙希

黒鳥社

はじめに

会社を問う・社会をひらく

山下正太郎（コクヨ ヨコク研究所所長／WORKSIGHT 編集長）

「社会＝会社」になった世界

「社会に出る」とは、ほとんどの人にとって学校生活を終えて会社に入ることを意味する。このことばは、どこか自明のものとして受け入れられてきたが、その前提に疑問を抱いたことがあるだろうか。その一歩を踏み出す行為は、私たちの生活の隅々にまで影響を与え、社会という名の見えない枠組みのなかに私たちを組み込む。だが、その枠組みの外側を意識する機会は驚くほど少ない。

例えば、給与から自動的に税金が差し引かれる仕組み、9時から18時までの労働時間、週末の休息、郊外の住宅にローンを組む生活。これらは一見、個々人の選択の結果のように見えるが、その実、会社という存在を中心にデザインされた社会の習慣だ。その習慣が、私たちの日常の選択を見えないかたちで制約し、思考や行動を形づくっている。

会社とは何か。会社というものがあまりに日常的であるがゆえに、この問いに対する答えは実に多様である。あるときは利益を追求する経済活動の単位であり、またあるときは社会問題を解決する機能ともなる。文化を創造する場であり、従業員が家族的なつながりを感じる共同体でもある。ときに規制の対象となり、ときに革新の苗床ともなる。そうした多様な役割が、会社ということばに込められた豊かさと矛盾とを物語っている。

自動車会社が世界市場で利益を追求する一方で、環境に配慮した技術革新を進めることは、会社が経済的な存在であると同時に社会的責任を担う主体であることを示している。あるいは、ゲーム会社は製品を通じて文化そのものを形づくってきた。映画や音楽がそうであるように、ゲームも私たちの感覚や価値観に大きな影響を与え、会社はそこで文化的なエージェントとして機能する。

けれども、そうした会社の役割は、近年足元から大きく揺さぶられてもいる。会社という枠組みを超えた生き方や働き方が、ここ数年で急速に広がりつつある。フリーランスやNPOでの活動、副業の普及、リモートワークを可能にするインターネットがもたらした分散的な世界の台頭。これらの新しい動きは、従来の「会社に属することで社会とつながる」という前提に揺さぶりをかけている。地方に移住してオンラインでクリエイティブな仕事を請け負う人びとは、会社を介さずに直接顧客やコミュニティとつながる新しい生き方を模索している。それは、会社がこれまで提供してきた安定性やつながりを個人が再構築しようとする動きだ。

その変化をさらに加速させたのがコロナ禍だった。突如として訪れた自宅勤務の時間は、まるで巨大な鏡のように、私たちが当たり前としてきた会社の存在を映し出した。通勤やオフィスという慣習が、どれほど私たちの日常を形づくってきたか。そして、そこにどれほどの無意識のルールが潜んでいたか。それらの枠組みが外れたときにようやく、「会社に属することは本当に必要なのか」という問いが明確なかたちを取り始める。「社会に出る」とはどういうことなのか。その答えを会社というものに頼らずに考える試みは、今後も私たちの足元で続いていくことになる。

隠された会社の始原

日本における「会社」という概念は、どこか自明のものとして語られがちだ。しかし、その背後には、欧米から輸入された制度が日本独自の文脈のなかで翻訳され、変容していった複雑なプロセスがある。このプロセスを少しだけ紐解くことで、会社の見えざる始原が浮かび上がる。

「会社」ということばが日本に現れた背景には、明治期の文明開化と資本主義の導入がある。欧米で産業革命を経て形成された「会社」という仕組みは、資本の効率的な運用と経済活動の中核として発展したものだった。この制度が日本にもち込まれたとき、明治の人びとはそれをそのまま適用できたわけではなかった。欧米の思想や社会的背景とは異なる日本には、会社という概念を根付かせるための文化的な土壌が不足していた。その結果、「会社」を日本の社会構造や価値観に適応させるための試行錯誤が繰り返された。

齋藤毅の『明治のことば：東から西への架け橋』は、こうした翻訳過程の一端を説明している。明治期、日本に輸入された「ソサエチー」(society)という概念は、単なる組織や集団ではなく、「ヨコのつながり」を軸にした新しい社会関係を指していた。しかし、日本にはすでに「社」という伝統的な集団の概念が存在していた。「社」とは、土地神を祀る場に端を発するもので、信仰や商業といった共通目的を共有する集団の象徴でもあった。この日本固有の文化的なフィルターを通して、「ソサエチー」という概念が翻訳されるなかで、会社は日本の社会文脈に沿って姿を変えていった。

さらに、日本における会社の発展は、「企業別労働組合」「年功序列」「終身雇用」といった慣習と結びつくことで「日本的経営」と呼ばれる独自の仕組みを築き上げた。それは、欧米の個人主義的な会社観とは対照的に、共同体意識や家族的なつながりを強調するものだった。この過程で、会社の始原にあったいびつな翻訳の跡は、やがて誰も意識できないほどに覆い隠され、当たり前のものとして私たちの日常に定着した。

こうした歴史を振り返ると、「会社」とは単なる経済活動の単位ではない。それは、社会の枠組みを形づくり、私たちの価値観や生活そのものを規定する存在である。そして、私たちが依存してきたこの枠組みは、固定されたものではなく、時代とともに変容し続けてきた。本書が試みるのは、そうした「会社」の隠された始原を掘り起こし、その多面的な姿を描き直すことである。それは、会社が過去にどのような役割を果たし、未来に何をもたらすのかを考える旅であり、同時に、私たち自身が依存してきた社会の地図を更新する試みでもある。

読書会というフォーマット

その旅路の舞台は、コクヨが運営するオウンドメディア「WORKSIGHT」の連続イベントとして行われた読書会だった。かつて、ワークスタイルを専門とする雑誌として10年以上にわたり会社の実態を掘り下げてきたWORKSIGHTは、2022年のリニューアルを機に、コクヨが目指す未来社会「自律協働社会」を探求する場へと進化した。これは、単に会社そのものを考察するだけでなく、会社を取り巻く社会全体を視野に入れ、そのあり方を問い直す試みでもある。

さらに、この読書会は、2020年にコクヨ ワークスタイル研究所と株式会社黒鳥社が共同で設立したリサーチユニット兼メディア「コクヨ野外学習センター」の活動の一環でもあった。ポッドキャストや書籍、イベントなどを通じて、コクヨが100年以上にわたり培ってきた「仕事」と「道具」の関係性を再考するというコクヨ野外学習センターの活動は、会社という存在に対する根源的な問いを常にその中心に据えている。会社がどのように「仕事」と「道具」の役割を形づくり、逆にそれらによって規定されるのか。そうした探求の延長線上に、この読書会が位置づけられている。

会社を紐解くための手法として読書会を選ぶ背景には、明確な意図がある。だが、その意図を理解するためには、時代を遡り、近代以前の江戸時代に目を向ける必要がある。当時、日本には「会読」と呼ばれる豊かな読書会文化が存在した。

前田勉の著書『江戸の読書会：会読の思想史』が明らかにしているように、会読とは私塾や藩校で行われた共同学習の一形態で、複数の人びとがひとつのテキストを囲み、討論しながら読み進める形式で行われた。この学習方法には、以下の3つの原理が組み込まれていた。

1　相互コミュニケーション性：参加者同士が自由に意見を交換し、議論を通じて互いの理解を深める
2　対等性：身分や地位に左右されず、全ての参加者が平等な立場で議論に参加する
3　結社性：自主的に集まり、学問や思想を共有する結びつきを形成する

これらの原理は、単に知識を共有する手段を超えて、参加者の主体的な学びと相互理解を促進する場をつくり出した。幕末から明治維新期にかけて、このような場で培

われた批判的思考や自主性は、時代の変革を推進するエネルギーとなった。吉田松陰や福沢諭吉といった思想家たちも、会読を通じて学びを深め、その成果を後の社会改革に活かしていった。

しかし、この豊かな言論空間を育んだ江戸の会読文化は、皮肉にも明治以降の近代化の波のなかでその影響を失っていった。西洋式の効率を重視した講義形式が教育の主流となり、対話を重んじる会読の実践は徐々に衰退していったのである。

問いをつくるトレーニング

現代社会において、会読のもつ相互コミュニケーション性や対等性は、学びの場のみならず、民主的な社会の形成においても重要な意義をもつ。私たちはいま、アルゴリズムが情動を操り、選択を誘導する時代に生きている。このことを実感する瞬間は日常の至るところに潜んでいる。SNSのフィードを何気なくスクロールするうちに、怒りや共感を煽る投稿に釘付けにされることがある。動画が再生し終わる前に「おすすめ」の次の動画が再生され、興味が拡張されるのではなく、狭く深い穴へと導かれる感覚に陥る。

そして、それが便利で快適であればあるほど、私たちの「主体性」は失われていく。この時代において、「読書会」という場の意義は、単なる趣味の延長ではなく、テクノロジーに抗うための知的で情動的な実践となりうる。アルゴリズムが「あなたに最適な答え」を提供するのとは逆に、読書会は「あなたがまだ知らない問い」を投げかける場なのだ。

今回の読書会でも、民俗学者、編集者、インハウスの研究者、そして一般参加者など、多様なバックグラウンドをもつ人びとが集まった。特定の専門家による講義形式ではなく、参加者それぞれが興味をもって選んだ本をもち寄り、それを基に議論を進めることで、多角的な視点を育む場となった。選ばれた本の幅も広く、歴史学や社会学の古典から現代の経営書、さらには漫画までが含まれていた。そこに共通していたのは、働く労働者としての当事者意識である。各自の知識欲と湧き上がる問いが、専門性に縛られない自由で広がりのある対話を生み、会社についての新たな発見を促したのだ。

本書は、会社という存在を単純なフレームワークで語るのではなく、多層的な視点から問い直す旅路の記録だ。読書会で交わされた対話は、会社が単なる経済の装置ではなく、人間関係や価値観が交錯する舞台であり、社会の縮図であることを示している。そして、その交差点から見えてくるのは、会社がこれからの時代にどのような役割を果たすべきかという問いだ。

　問いがあるからといって、明確な答えが要求されているわけではない。むしろ、問いはそれ自体が呼吸をし、参加者一人ひとりに異なるかたちで作用していく。読書会が終わり、部屋を出た瞬間、誰もが小さな問いの破片を手にしている。それは即座に形を成すものではなく、日常のなかで静かに芽吹く可能性を秘めている。問いを抱えるという行為が、テクノロジーの快適さに抗い、主体性を取り戻す第一歩なのかもしれない。そして、それがどんな風景を私たちに見せるのかは、まだ誰にもわからない。ただひとつ言えるのは、この問いが私たちを既知の外へと連れ出す力をもっているということだ。

目次

コラム

会社の補助線

ブックリスト

読書会メンバー

畑中章宏　Akihiro Hatanaka

民俗学者。災害伝承・民間信仰から最新の風俗流行まで幅広い対象に取り組む。著書に『天災と日本人』『廃仏毀釈』（ともにちくま新書）、『柳田国男と今和次郎』（平凡社新書）、『災害と妖怪』『忘れられた日本憲法』（ともに亜紀書房）、『蚕』（晶文社）、『宮本常一』（講談社現代新書）、『傍流の巨人 渋沢敬三』（現代書館）、共著に『『忘れられた日本人』をひらく』（黒鳥社）ほか。

若林恵　Kei Wakabayashi

平凡社『月刊太陽』編集部を経て2000年にフリー編集者として独立。以後、雑誌、書籍、展覧会の図録などの編集を多数手がける。2012年に『WIRED』日本版編集長就任、2017年退任。2018年、黒鳥社設立。著書に『さよなら未来』（岩波書店）、『週刊だえん問答』（黒鳥社）、共著に『実験の民主主義』（宇野重規との共著、中公新書）、『『忘れられた日本人』をひらく』（畑中章宏との共著、黒鳥社）など。

山下正太郎　Shotaro Yamashita

WORKSIGHT編集長／コクヨ ヨコク研究所・ワークスタイル研究所所長。2011年『WORKSIGHT』創刊。同年、未来の働き方を考える研究機関「WORKSIGHT LAB.」（現ワークスタイル研究所）を立ち上げ。2019年より、京都工芸繊維大学特任准教授を兼任。2022年、未来社会のオルタナティブを研究／実践するリサーチ＆デザインラボ「ヨコク研究所」を設立。

工藤沙希　Saki Kudo

コクヨ ヨコク研究所研究員。「年齢」「時間の周回性」など、個人化・多様化する社会の“拠りどころ”たりうるものへの関心を軸に、民俗学的な視点でのリサーチ・プロトタイピングを中心に取り組む。関西学院大学大学院社会学研究科博士課程所属。

第1回

会社がわからない

会社の民俗学

若林　そもそも、なんで「会社」というお題に取り組むことになったんでしたっけ?

畑中　会社というテーマをそれとなく若林さんから提案されたときに、「そういえば会社って、神社とすごく似てますよね」と返したのが大きかった気がします。

山下　それは「会社」と「神社」に、「社」という字が共通しているということですよね?

畑中　そうです。会社と神社の関係というのは、民俗学のなかでも議論や研究は見当たらないんですけど、「社」という字が一緒なので、絶対に何かあるはずだと思ったんです。会社を興したり、そこに勤めたり、という人間の営みがあるときに、それはもしかしたら「会社」という名称に強く縛られているものがあるんじゃないか、とい

【脚註および余談】
Text by Kei Wakabayashi

社　「社」の語を検索すると、真っ先に「土地の神。つちの神。くにのかみ。またそのまつり」、あるいは「神がまつってある建物。神社」といった語義が表示される。『広辞苑』は、まずは「やしろ。ほこら。おみや」の意を挙げ、次いで「中国で、土地の守護神。また、それを中心とした二五家の部落。元代、五〇家を単位に、勧農を中心とする村落自治体」、さらに台湾で

う民俗学者的直感が働いたわけです。

若林　私が会社という存在が気になった理由は、一応ありまして。先だって『B Corpハンドブック：よいビジネスの計測・実践・改善』という書籍を編集したとき、「ビジネスで社会をよくしようと思ったら経営者になるしかないのか？」という疑問に突き当たったんです。もちろん、ワーカーの側には組合組織などもあって、経営者に働きかける手段はなくもないのですが、とはいえB Corpが謳うように「ビジネスを社会変革のドライバーにする」ことを本気で考えたなら、自分が経営者になるしかなくて、そうでないならワーカーは、せいぜい「いい会社」に入れるよう願うしかなかったりします。そんなところから、「そもそも私たちにとって、広い意味で『会社』って何なんだっけ」ということを、畑中さんのお力を借りつつ考えてみたくなったわけです。

畑中　民俗学者としては、そこで働いている人たちが会社をどう感じているのか、というのが気になります。いま、社会学の分野で生活史が大きな注目を浴びていますが、あれは本当は、民俗学がちゃんと頑張らなきゃいけない領分だと思っています。例え

は「最下級の行政区画」を意味していたと記載する。

『B Corpハンドブック：よいビジネスの計測・実践・改善』2022年、バリューブックス・パブリッシング刊行。著者＝ライアン・ハニーマン、ティファニー・ジャナ　訳者＝B Corpハンドブック翻訳ゼミ。監訳者として鳥居希、矢代真也と並んで、ここで発言する若林も参加。「B Corp」は米国生まれの企業認証制度で、環境や人権に対する配慮の度合いによって測定される。「ビジネスを社会善のドライバー」にすることをミッションに掲げる。

ば民俗学者・宮本常一の『忘れられた日本人』という有名な本がありますが、これなんかも歴史に名前が残っていない、普通の人びとの聞き書きをまとめているんですね。仮に、高度経済成長期以降のサラリーマン――毎日通勤して、サラメシを食って、上司から怒られ、退勤するという、会社でほとんどの時間を過ごした約40年間の経験を聞き書きしたら、その話自体はありふれているかもしれない。でもその日常こそ、民俗学が見つめなきゃいけないものなんです。歴史学の分野でもフランスのアナール学派、フェルナン・ブローデルやフィリップ・アリエス、それにまだ存命ですがアラン・コルバンといった歴史家による、ある事物や現象や事態に関わった人間が、それに対してどのような思いを抱いたのかを記述していくようなスタイルがあります。組織論や制度論ではなく、感情史を考えたい。元々のイベントタイトルを「会社の社会史」とした理由は、ここにあります。

若林　……ということだそうなんですが、山下さん、いまの趣旨で問題ないですか？

山下　大丈夫です、まったく異論はございません（笑）。

『忘れられた日本人』　民俗学者の宮本常一が1960年に未来社より刊行した紀行文集。宮本の代表作のひとつとされる。「会社」というお題にまつわるかもしれないこととして、主に西日本のかつての村落共同体における商売や家計に関する話題も少なからず登場する。

フェルナン・ブローデル／フィリップ・アリエス／アラン・コルバン　ここで畑中が言及したアナール学派の歴史学者たちと民俗学との親近性や通底する問題意識については、2023年に黒鳥社より刊行された、畑中と若林の対談本『『忘れられた日本人』をひらく：宮本常一と「世間」のデモクラシー』で触れられている。

「会社＝社会」だと思っていた

畑中　それぞれの会社経験ってどうなんでしょう？　若林さんは大学を出たときに入社試験受けたんですか？

若林　何をいまさら。畑中さんが先輩として在籍していた出版社（平凡社）に入った際には、もちろん入社試験は受けました。結構な倍率だったと後で聞かされました。

畑中　もちろん忘れたわけではないですけど、そもそも大学を出たら会社勤めをするって決めてました？

若林　何社か受けて、ダメだったら別のことを考えようと思っていました。

畑中　それでも、大学を出たら会社勤めするのが前提だったと。山下さんも？

山下　はい。普通にコクヨを受けて、入社しました。「社会に出る＝まず会社に勤める」

ということしか、頭のなかにルートがなかった気がします。

若林　世間一般で「社会人」といわれるときも、それってほぼ、会社に勤めている人しか指していない感じがしますよね。

山下　「社会人」は要は「会社人」なんですよね。私は大学にも研究者として籍があるのですが、大学の先生がよく受ける非難は「社会のことをわかっていない」ということなんです。

若林　大学の先生は社会人ではない、と。

山下　はい。それも、でも随分と乱暴な言い分ですよね。ちなみに畑中さんはどうだったんですか？

畑中　私は大学4年生のときにいろんな会社を受けるも全部落ちて、それでも会社勤めしなきゃいけないからと、1年間、日本エディタースクールという編集の専門学校

社会人　この言葉の語源は曖昧で、辞書に登場する最も古い例は1938年の『言苑』だとされる。それを遡る例としては、評論家・政治学者・社会学者の杉森孝次郎が1922年に著した『社会人の誕生』なる本があるが、階級に規定された「階級人」、国家に規定された「国民人」とは異なる独自の主体として「社会人」を規定することを試みたとされる。「職業をもった人」を学生と区別する際に「社会人」の語を用いた例としては、1935年発表の高見順の小説『故旧忘れ得べき』（小学館より2022年に復刊。キャッチコピーは「左翼運動後の虚無感を描く転向文学の名作」）がよく言及されるようだ。

に通ったんです。自分には出版社ぐらいしか勤めができないという感覚があったからなのですが、それにしてもやっぱり、会社勤めが大前提ではありましたね。

若林　そうやって「会社」と「社会」ということばの関係を漠然と考えてみただけでも、畑中さんの勘繰りはあたっていそうで、やはり「社」という字がキーワードになりそうです。

畑中　齋藤毅『明治のことば：東から西への架け橋』という本が、ここでは大変参考になります。

若林　私も関係しそうなところに目を通してきましたが、「ソサエチー」（society）という語を翻訳するにあたって、明治期の人びとがいかに苦労したかが詳細に書かれていて面白いですね。

畑中　彼らは、そもそも自分たちが「ソサエチー」と一致する抽象的な概念をもっていないことに、まず気づくんですね。それでどうしたかというと、いくつかの段階に

『明治のことば：東から西への架け橋』　著者の齋藤毅は、1913年に生まれ、建国大学助教授、国立国会図書館副館長、国立図書館短大学長などを歴任した人物。原著は1977年に刊行され、2005年に『明治のことば：文明開化と日本語』と改題され講談社学術文庫に収録。「社会」のほか、「個人」「保険」「銀行」「主義」「自由」といった、明治期に発明されたことばの来歴に迫る名著。

ソサエチー　英語でいうところの「society」は、それ自体が明確に定義された概念ではない。むしろ社会科学は「社会とは何か」という問いをめぐって発展したといっても過言ではない。「社会の起源」をめぐっては、かつてであればホッブズやルソーから語り始めるのが常道だったが、近年は人類史を大きく遡って学際的にその起源を探究

分けてこれを理解しようとしたと著者の齋藤さんは分析しています。

明治のひとたちの、この概念へのアプローチは、まず、人為的・目的的な人間集団への着目にはじまり、ついで自然発生的な部分社会を意識し、最後に抽象的な人間のつながり一般を理解するに至ったようである。

山下　独立した個人が社会を構成するという近代社会の基本的概念を、抽象的なまま理解しようとする前に、まず具体的なところから考えていったわけですね。

若林　この本によれば、「ソサエチー」は何よりも「ヨコのつながり」に基づくものと考えられたそうです。そこで明治の人びとがまずやったのは、日本社会に以前からあった「ヨコの関係」を探すことだったとあります。従来の日本社会ではタテの関係が主ではあったわけですが、例えば私と山下さんが同列で出会えるような「ヨコ」の場所もあるにはあって、それが「信仰や趣味・娯楽・運動または商売などの共通の目的で同志相寄って組織する団体」だったそうです。こうした従来ある組織や団体を指すものとして、「社」ということばがあった、と本には書かれています。

するような研究が隆盛だ。文化人類学者デヴィッド・グレーバー／デヴィッド・ウェングロウの『万物の黎明：人類史を根本からくつがえす』（酒井隆史訳、光文社）はその知られた例だが、『自然選択による人間社会の起源』（ジョナサン・H・ターナー、アレキサンドラ・マリアンスキー著、正岡寛司訳、学文社）、『社会の起源：動物における群れの意味』（菊水健史著、市川眞澄編、共立出版）、『ヒトの社会の起源は動物たちが知っている：「利他心」の進化論』（エドワード・O・ウィルソン著、小林由香利訳、NHK出版）など生物学や動物学に基づいたユニークな研究が近年多数刊行されている。

畑中　日本における「社」という語の使い方は、中国の宗教的・地縁的共同体を「社」と呼ぶのに近い用法だった、と書かれていますが、齋藤さんは「今日の『法人』をさして『社会』とか『会社』とか『公会』といったのも、そういう現象のあらわれであった」と説明しています。

若林　まずは従来の社会のなかから「ヨコのつながり」を表す事例を探したのが第1段階だとしますと、そこから次の第2段階に進んで、今度は「社会」という語の前に別のことばをつけることが始まり、例えば「上等社会」「下等社会」「学術社会」というようなことばが発生してきたそうです。これが何を示すかと言いますと、齋藤さんの説明によれば、「このような限定詞を付した用法が生まれたということは、限定されない社会──つまり社会一般──の存在を暗示することとなる」ということで、齋藤さんは、これをもってして「『社会』の語と観念が成立したといってもよいことになる」と結論づけています。

山下　そこで抽象的な意味での「社会」が訳語として定着していった、ということで

ヨコのつながり　日本社会を「タテ／ヨコ」の観点から読み解いた本としては、社会人類学者の中根千枝が1967年に著した『タテ社会の人間関係：単一社会の理論』（講談社現代新書）がある。累計120万部のロングセラーとなった名著は、現在も版を重ね続けている。以後刊行された『適応の条件：日本的連続の思考』『タテ社会の力学』に次いで2019年には『タテ社会と現代日本』も刊行された。同時期に大きな影響力を誇った日本人論としては、1971年に弘文堂から刊行された土居健郎『「甘え」の構造』も有名。

すね。

若林　明治期において、「ソサエチー」の訳語が「社会」に落ち着く前には、本当にたくさんのことばがあったみたいです。ざっと並べてみましょうか。

会／公会／会社／仲間会社／衆民会合、社／結社／社友／社交／社人／社中、交社／交際／世交、人間／人間道徳／人間仲間／人間世俗／人倫交際、懇、仲間／組／連衆／合同／一致／仲間会所／仲間連中、為群／成群相養／相生養（之道）／相済養、世俗／俗化／俗間／世間／世道／世態、民／人民／国民／邦国／政府

山下　……もう何が何やらですね（笑）。とはいえ、「社会」ということばに含まれる意味内容の豊富さが、これを見るだけで知ることができます。「社会」ということばの用法がひとまず社会のなかに定着したとはいえ、仲間といった意味から、ガバメントといった意味まで、いまなおゴチャゴチャに含んでいるということなのかもしれません。「社会」と言ったときの定義しづらさといいますか、とりとめのなさは、明治に訳語をあてたときから変わっていない感じすらしてきます。

人間　人間の語は、明治期の訳語ではなく、仏教語が起源。佼成新聞デジタルの記事によれば、以下の意味を表す。「元々の仏教語の『人間』は『人々の間』という意味合いで、つまりは『人が住んでいる所』を表す言葉でした。ですから『世の中』『世間』『世界』を意味したのです。『人間』という人の世界全体を表す言葉が、やがて個人を表す『人』と同義となっていったといわれています」。ちなみに現在でも「にんげん」と読む場合には「人」のことを指すが、「じんかん」と読むと「世間、世の中」を意味するとされ、「人間万事塞翁が馬」「人間いたる処青山あり」のような故事成句も、読み方で意味が変わってくる。

遅刻してはいけない

会社の補助線 1

Text by Shotaro Yamashita

かつて、日本人は、日の出とともに目覚め、日没とともに眠っていた。江戸時代、人びとの時間感覚は「不定時法」に従っていた。昼と夜は、それぞれ6つの時刻に分けられていたが、その一刻の長さは季節によって異なっていた。夏の日は長く、冬の日は短い。人びとは自然とともに暮らし、農作業や商い、家事すべてが太陽や季節のリズムに支配されていた。時計はなく、時間は曖昧で、大きな輪のように永遠に繰り返されるものだった。

だが、明治維新によって日本に吹いた新風は、この円環的な時間を直線に引き伸ばした。1873年、日本は太陰暦から太陽暦へと切り替えた。西洋からやってきた時計が、時の流れを刻み始めた。時間はもはや機械的に決定され、均等に流れるものになった。鉄道が走り、工場の鐘が鳴り響き、日常生活は時計の針に従い始めた。人びとは、正確な時刻に合わせて行動しなければならなくなった。1872年、新橋から横浜に至る日本初の鉄道が定刻通りに出発し、初めて日本人の身体に「遅刻」という概念が叩き込まれた。

鉄道や工場の誕生は、社会に劇的な変化をもたらした。社会学者・真木悠介は、近代が獲得した時間感覚を「直線的な時間」と呼ぶ。時間は、進歩と効率を追い求めるものとなり、過去は置き去りにされ、未来を目指して突き進むしかない。自然の営みのなかで繰り返されてきた円環的な時間がもたらす安心感は失われ、代わりに「時間は貴重だ」「時間は無駄にできない」という意識が植え付けられた。時間はもはや、自然とともに流れるものではなく、計測され、管理され、効率化される資源となった。

西洋列強に追いつこうとする近代化の波のなかで、日本は「時間を管理する国家」へと変貌を遂げた。学校や軍隊、官僚機構などあらゆる制度に時間割が導入され、社会全体が時計の針に従うことを求められた。特に、工場で働く女工たちにとって、この新しい時間の支配は過酷だった。『女工哀史』に描かれるように、彼女たちは時計をもつことすら禁じられ、何時間働いているのかを知る手段を奪われていた。工場主は、彼女たちの時間を完全に掌握し、労働力を最大限に搾取した。時間は管理者のものであり、労働者には与えられない。

現代において、この線的な時間感覚はさらに強化されている。労働も、かつての工場のように「始まりと終わり」が明確ではなくなり、時間はさらにフラットになった。この直線的な時間は人びとに精神的な負担を強いる。それでも未来へ進むしかない私たちにとって、時間はもはや友ではなく、敵にさえなっているのかもしれない。

単数形としての「社会」

畑中　ここで面白いのは、「社会」ということばを通じて「社会一般」という概念がつくられたというところですよね。これはいまなお私たちの通念でもあるかと思うのですが、私たちが最も広い意味で「社会」という語を使うとき、そこでは「社会一般」というものが茫洋としたものではあるにせよ、ひとつだけ存在していると考えるわけですね。

山下　単数形としての「社会」ですね。

畑中　例えば私たちが「社会に出る」と言うとき、「社会」をひとつの「社会一般」という感覚で捉えているように思うんです。社会が複数あるという感覚で、「社会に出る」とは言っていないはずです。

若林　たしかに。

畑中　しかも、ひとつの会社に勤めることが、ひとつの大きな社会に出ていくこととイコールになっているのが私たちの感覚ですよね。これが、私にはちょっとよくわからないところではありつつ、面白い。というのも、先ほど「ソサエチー」の訳語のひとつに「世間」という語がありましたが、ここで思い浮かべるのは、宮本常一の『忘れられた日本人』に収められた「女の世間」という文章です。

若林　どういった内容でしょう。

畑中　かつての日本社会には「女性も世間を知るべきだ」という考え方が前提としてあったとされていて、であればこそ、若い女性はある年齢になると、それこそ「世間を知る」ために、いきなり村を出奔して旅に出るといったことがあったと宮本は書いています。あるいは自分の意思で奉公に出ていくこともあったと指摘しています。ここで重要なのは、「世間」というものがひとつではなく、複数あると考えられていることです。そのいくつもの「世間」を見て歩かなければ、しきたりにとらわれてしまって、共同体も発展していかないという考えが、かつての日本にはあったというわけです。つまり民俗社会においては、複数の「世間」を見るべきだという考え方があったと考えられるわけですが、宮本は、そうやって複数の世間を渡り歩いて、それぞれの世間を見聞して廻る「世間師」という存在についても書いています。

山下　そうした「世間」観は、やはり意外性がありますよね。日本社会の社会観というときに「世間」のイメージはよくもち出されますし、実際に多くの人が論じているとは思うのですが、あまり複数の「世間」という感じではない気がします。かつてあった「世間」の概念が「社会」という概念によって上書きされてしまった感じがします。

畑中　「世間」に関する本で最も代表的なのは、阿部謹也さんの『「世間」とは何か』ではないかと思います。ここでも、どちらかというと「世間」は批判的に論じられています。

山下　メンバーの顔が見える関係性のもとに、文化が永続的に保たれているものとしての「世間」と、メンバーが常に更新され、共同体自体もメンバーを変えていく西洋

『「世間」とは何か』ヨーロッパ中世を専門とする歴史学者・阿部謹也が、１９９５年に講談社現代新書から刊行したヒット作。吉田兼好、井原西鶴、夏目漱石らを通して、「非言語系の知の集積」としての世間を捉え直すことを試みるが、主にその負の側面を強く批判したことから「世間」という概念を旧弊なものとする

的な「社会」との対比が、徐々に見えてきますね。たしかに阿部先生は「世間」を論じていますが、いまの畑中さんのお話を聞くと、批判されている「世間」は、必ずしも複数の「世間」ではない感じはします。改めて思うのは、日本人が「社会」と言うとき、それを「世間」ということばとの類比で捉えてしまいがちですが、そもそも「社会」と「世間」とでは、示すものが違っていたということですよね。それが一種のボタンの掛け違いとなって、私たちが長いこと、自分たちが生きている空間、それを「社会」と呼ぶのか、「世間」と呼んだらいいのかよくわかりませんが……をうまく捉えることができていない原因になっているのかもしれません。

風潮をつくってしまったきらいもある。「先生、中年の男性ってどうしてあんなに汚らしいのですか」という本書冒頭の女子学生の問いは、いまなおインパクトがある。

メンバーシップの〝タテ〟と〝ヨコ〟

畑中　ここで改めて「社」ということばが何を表しているのかに戻るのですが、気になっているのは「社稷《しゃしょく》」ということばです。エドゥアール・シャヴァンヌという近代フランスの歴史学者が書いた『古代中国の社：土地神信仰成立史』という本がありまして、古代中国において、「社」の語が何を意味していたかが解説されているのですが、基本的に「社」とは、土地神を祀る祭壇のことであり、さらには氏族や血縁ではない、

『古代中国の社：土地神信仰成立史』　著者のエドゥアール・シャヴァンヌは1865年生まれの歴史学者でフランスの東洋学・中国学の草分けとされる人物。日本語訳されているものに『司馬遷と史記』（岩村忍訳、新潮選書、1974年）、『泰山：中国人の信仰』（菊地章太訳、勉誠出版、2001年／平凡社〈東洋文庫〉、2019年）があり、『古代中国の社：土地神信仰成立史』は菊地章太の訳で、2018年に平凡社〈東洋文庫〉に収録された。

土地を中心として結びついている人びとのことを表していたそうなんです。

山下　土地を媒介としたヨコのつながりということですね。

畑中　はい。さらに、もう一方の「稷」は、穀物の神様を祀る祭壇のことで、たいていは「社稷」とセットにして、氏族・血縁ではなくヨコに結びつく共同体のことを指していたそうです。これは、「ソサエチー」の訳語としての「社会」、ひいては私たちがここで考えてみようとしている「会社」という概念にも、大きな影響を及ぼしているのではないかというのが私の見立てです。

山下　血縁ではなく土地を媒介にしたヨコのつながりを基盤に、複数性をもった民俗学的な可能性としての「社」と、近代化のなかで形づくられてきた「社」の間に、どこか断層があるのかもしれませんね。というのも、現在の「社」の語には、ゆるぎない「ひとつの共同体」というイメージがすごく強くあると感じるからです。

　小熊英二さんの『日本社会のしくみ：雇用・教育・福祉の歴史社会学』を読んでいると、明治から現代に至るまでの日本の社会システムが、基本的には大企業のありよ

『日本社会のしくみ：雇用・教育・福祉の歴史社会学』　社会学者の小熊英二が２０１９年に講談社現代新書から刊行した現代日本論の力作。「雇用

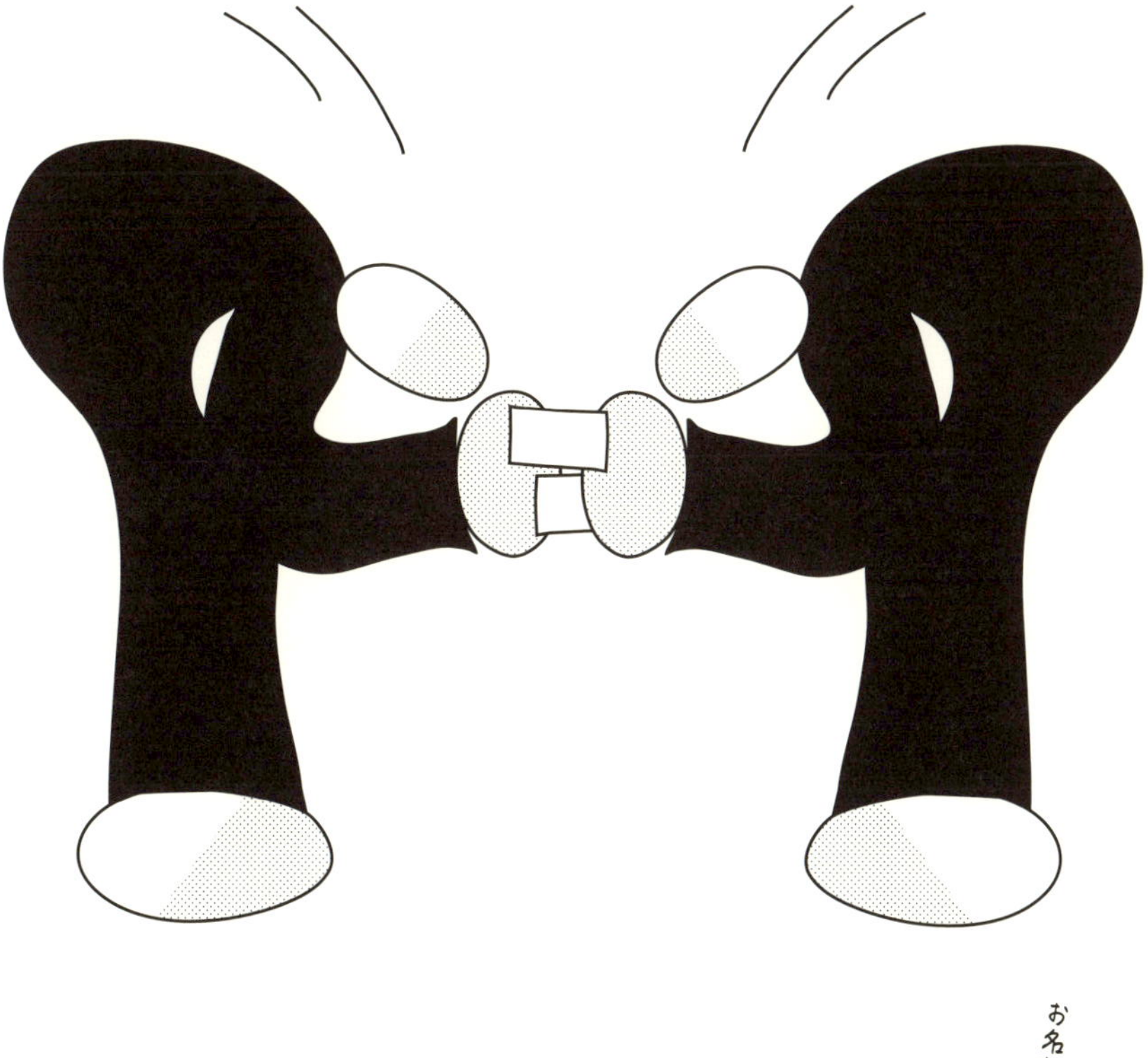
お名刺交換

うをなぞるかたちで構築されてきた、と書かれていますが、そのなかで、日本の会社組織の特徴と欧米型の会社組織の特徴との最大の違いというのは、メンバーシップのありようなんだと書かれています。欧米の企業におけるメンバーシップの考え方というのは、まさにヨコのメンバーシップ＝職種が基本になっています。例えば鉄を曲げる技術をもっている工員のヨコのつながり、あるいは会計をできるような技術をもった人たちのつながりといったように、組合も業種別・職種別に構成されていくのが基本的な考え方。けれども、日本というのは基本的にタテのメンバーシップしかない。ヨコのつながりが弱いというところが、日本の会社の特徴であると考えるわけですね。

若林　日本の労働組合は、基本が企業別組合で、職能に基づいたヨコの組合は弱かったりもしますよね。

畑中　それで言うと、日本は近世までのほうが、ヨコのつながりがあったんです。例えば、西日本を中心に年齢階梯制というシステムがありました。若衆・中老・年寄といった区分で、年齢層によるヨコのつながりがありました。若い男性たちであれば、結婚するまでに女性とうまくやっていくにはどうすればいいかとか、共同体の外へ出

慣行」の分析に多くの紙幅が割かれるが、「それそのものが検証の対象ではない。そうではなく、日本社会の暗黙のルールとなっている『慣習の束』の解明こそが、本書の主題なのだ」と著者は語っている。

企業別組合　厚生労働省が公開している資料によれば、日本独自のこの仕組みは以下のように説明される。「日本の企業別組合の特徴は、労働者が、他の諸国のように工場から工場へ横に移動することなく、一度就職したら、その会社の従業員として、年功賃金と退職手当を目的に、企業内の福利施設を誇りとして終身雇用されている、いわば縦の労使関係からきている。このような終身雇用制度は、大正末期の大企業からはじまって、戦争中の労務統制によって強化され、敗戦後まで持ちこされ、企業別組合の基礎がつくられた」。出典は『日本労働組合物語』(大河内一男、松尾洋著、筑摩書房、1965年)。

稼ぎにいくときにはこういうことをわきまえていなきゃいけないといった学びの場が、ヨコのつながりのなかにありました。他にも、子どもは子どもだけで祭りにおいてある役割を担うとか、女性は女性だけで講（講社・講中）をつくって、姑のお小言から逃れるにはどうすればいいか、蚕をうまく飼うにはどうすべきか、というような情報共有をしていました。

もちろん東日本では家父長制が強かったとみられていますが、それでも年齢ごとのヨコのつながりというものが、日本の民俗のなかでは、細分化されて機能してきました。また先ほどの「社稷」という概念を見ても、ヨコのつながりなんですよね。

山下　近代化される前のヨコのつながり、ということですね。

畑中　他にも、ある職種だったり、ある技能をもっていたりする人たち、または地域の人びとが集まった、そんな講がかなりありました。首都圏でいうと、いまはトレッキングなどで賑わう相模大山は、かつては雨乞い信仰が盛んで、何人かで講をつくって登拝をするようなことが行われていましたし、青梅の御岳山でも、同じような講が組織されていました。会社というものがなかったからこそかもしれませんが、ヨコの

講　『広辞苑』によれば「講」はまず「仏典を講義する法会」のことを指すが、ここで言及されるのは「神仏を祭り、または参詣する同行者で組織する団体。二十三夜講・伊勢講・稲荷講・太子講の類」「一種の金融組合または相互扶助組織。頼母子講・無尽講の類」と記載されているものを指す。こうした講は消え去ってしまったわけではなく、小倉美恵子のノンフィクション『オオカミの護符』（新潮社、２０１１年）が、川崎から多摩地区に現在も残る講の世界を描き、話題となった。

つながりがあって、そこで情報の交換や共有がされていたわけです。

商人はどこへ消えた

若林　ここまで話してきて、私が気になっていたことを考えるための手がかりが、少しつかめたような気がします。例えば佐々木銀弥『日本商人の源流：中世の商人たち』という本がありまして、裏表紙にある内容説明には、こんなことが書かれています。「いわば現代経済社会の基礎は中世の商業社会にあるといえよう」。言い換えれば、私たちが生きている現在の「会社というものがドライブしている経済」というのは、商人世界を源流としているということになるわけですが、この言い方というかナラティブは、わりと人口に膾炙《かいしゃ》しているように思えるわけです。

山下　近江商人の「三方よし」（買い手よし、売り手よし、世間よし）の理念などは、ビジネスの界隈では、いまなおしょっちゅう言及されます。

若林　ですよね。ここでまず自分がよくわからないのは、経済というものが、ある意

『日本商人の源流：中世の商人たち』　日本経済の源流を中世の商人たちの経済活動に追った商業史の入門編ともなる重要作。原著は1981年に教育社歴史新書より刊行され、2022年にちくま学芸文庫から復刊された。とかく農業史に注目が集まりがちだった戦後歴史学において、商業にスポットをあてた数少ない研究者のひとりが著者の佐々木銀弥だった。佐々木の著作にはほかに『中世の商業』（至文堂、1961年）、『中世商品流通史の研究』（法政大学出版局、1972年）、『日本中世の都市と法』（吉川弘文館、1994年）、『日本中世の流通と対外関係』（吉川弘文館、1994年）などがある。

味「商人」の延長として語られることがわりと一般的なこととしてありながら、会社という概念を見てみると、ここまで見てきた通り、そこには商人や商業をめぐるコンテクストがほとんどないことです。先の「社会」の訳語で見たように、どちらかという商業世界とは切り離された共同体／コミュニティをめぐるコンテクストに終始してしまうのはなぜなのか。そのことがとても気になります。

山下　たしかに。

若林　山下さんと文化人類学者の松村圭一郎先生とご一緒して制作した『働くことの人類学【活字版】：仕事と自由をめぐる8つの対話』のなかで、個人的にとても印象に残っているのは、中川理《おさむ》先生が南フランスの零細ズッキーニ農家について話されていたくだりです。そこでは、市場《いちば》というものが本来は小規模商人や零細農民の味方であって、それこそ定価もないままに値切ったり値切られたりするなかで成立する世界だったはずが、資本主義の発展に伴ってそれが失われつつあることが語られています。要は、市場《いちば》と資本主義は明確に対立するものとして零細農家には認識されているということなんです。

『働くことの人類学【活字版】：仕事と自由をめぐる8つの対話』　文化人類学者の松村圭一郎がホストを務めた同名のポッドキャストの活字版。2021年に黒鳥社より刊行。深田淳太郎、丸山淳子、佐川徹、小川さやか、中川理、久保明教の6人の文化人類学者のほか、小説家・柴崎友香との対話も収録。若林と山下は、司会進行として参加した。

畑中　もやは商人世界は、「まけてんか」と値切る大阪のおばちゃんに、わずか残るのみ（笑）。

若林　はい（笑）。自分はそれを、商業世界、もしくは商人世界が失われていっていることとして理解したのですが、それを踏まえて、改めて会社って何なのかを考えると、よくわからなくなってくるんですね。ビジネスの源流としての「商人」が語られる一方で、市場《いちば》を舞台とした商人世界は資本主義と対立するものとしてあるとも語られる。とするなら、会社は商業に与するものなのか、はたまた資本主義に与するものなのか、よくわからなくなってしまう。

畑中　商人世界のダイナミズムを日本の歴史のなかにどう位置づけ、どう価値づけるかは、まさに歴史学者の網野善彦さんが問題にしたところでもありますね。

若林　はい。そう思いまして、今回、網野さんの『日本の歴史をよみなおす』に目を通してきたのですが、ここでも商業という視点から、スタティックで固定化されたメ

『日本の歴史をよみなおす』1991年にちくまプリマーブックスから2巻本として刊行された原著の帯には「学校では学べない いちばんホットな日本史」の文字が躍る。「網野善彦の何を勧めるかというと、いつもけっこう迷うのだが、この『日本の歴史をよみなおす』は、

ンバーシップによる日本の社会像が覆されています。例えば、こんなことが書かれています。

これまで歴史家は、中世社会を、もっぱら農業を基礎にした封建社会と考えてきましたが、この社会はそれだけでの定義ではとうていとらえきれないものがあります。（中略）まだ神仏と結びついているとはいえ、商業資本、金融資本が動いており、米、絹、布などは、交換手段、支払手段、価値尺度の役割をはたす貨幣として機能し、本格的に流通しているわけで、十二世紀にはこうした経済のあり方が軌道にのっているのです。

畑中　網野さんのテーゼに「農民は百姓ではない」というものがあります。米中心の年貢制度が確立されてから日本の農村、ひいては日本社会自体のイメージも固定化されてしまいましたが、網野さんの見方からすれば、百姓はお米をつくっている人たちだけではないんですね。例えば近世より前の税を見ると、米以外のもの――塩、栗、柿、生糸といったようなもの――が納められていたとわかるわけです。

筑摩書房の編集部を相手に話したものをまとめたせいか、まことにわかりやすく、かつ示唆に富み、それでいて大きなツボが躍動するように話されている。出色のデキなのである」と松岡正剛も太鼓判を押す、網野史学の最良の入門編。現在は1冊にまとめてちくま学芸文庫に収録。

農民は百姓ではない　『広辞苑』を見ても「百姓」の項の筆頭にくるのは「一般の人民。公民」の説明で、「農民」は2番目となっている。本来は商業や手工業、漁業の事業者も含まれる概念が、「百姓＝農民」と固定化されていった背景には、歴史を通じて農本主義的な理念が強化されていったことが挙げられ、明治になると「百姓＝農民」の図式はほぼ固定化する。ちなみに大和言葉では、「百姓」に「おおみたから」の和訓がふられることもあり、その際は「天皇が慈しむべき天下の大いなる宝である万民」を意味したのだとか。

1905年頃の東京の街並み。

山下　あるいは『日本経営史〔新版〕：江戸時代から21世紀へ』には、江戸時代に初めて国内の通貨が統一され、交通・運輸手段も整備され、開墾も進んで農業生産が安定することによって、農業と商業にそれぞれ分業化していったとありますね。モダンの世界に至る初期プロセスとしての江戸時代というものが、日本経営史上の位置づけとしてはあるようです。

若林　そこなんですよね。かつては商業も農業も渾然一体となっていたものが分化していくなかで、私たちが漠然と「経済」と呼んでいる概念が、どうやって農業や商業といったものを位置づけていったのかが、私にはよくわかっていないんです。これはおそらく資本主義の歴史に関わることだとは思いつつも、会社と商業がどういう位相にあるのかが、まずは知りたいところだったりします。

そこで、Ａ・Ｄ・チャンドラーという人が書いた、『大企業の誕生：アメリカ経営史』という本を読んでみたところ、アメリカで商人というものが「経済」なるものから駆逐されていくプロセスが書かれていて面白かったんです。そこにはこんな経緯が記されています。

『日本経営史〔新版〕：江戸時代から21世紀へ』「日本型企業経営の発展を通観する定番テキスト」として知られる必読の教科書。著者の宮本又郎、阿部武司、宇田川勝、沢井実、橘川武郎は、いずれも経済学、経済史学、経営史学の重鎮。最新版となる第3版『日本経営史〔第3版〕：江戸から令和へ・伝統と革新の系譜』は２０２３年に刊行。有斐閣より。

『大企業の誕生：アメリカ経営史』　著者のアルフレッド・D・チャンドラーJr.はハーバードビジネススクールでビジネス史を教えた大家で、『組織は戦略に従う』『経営者の時代』などの本でも知られる。本書は、１９８６年に亜紀書房より『アメリカ経営史』の表題で刊行され、２０２１年にちくま学芸文庫に収録された。「組織のマネジメントに当たる人びとは、大きな危機に直面しないかぎり、日々の業務の進め方や権限の所在を変えることはまずない」というテーゼを、過去の歴史から導き出したことでも有名。

運輸業、また後には工業の企業を管理するためには新しい経済人種――プロの専門の俸給経営者――が必要だった。それには商人や職人だった人はまれであった。彼らは新しい血統のビジネスマンであり、土木技師あるいは機械技術者として訓練を受けた。（中略）実に、この国最初の技術学校は、専門の技術者に対する新しい企業のニーズにこたえてつくられたものであった。（中略）新しい事業の技術が古い商業の世界のものとは異なっているのと同様、彼らの受けた訓練、経験、そして生き方全体は、前近代的産業経済を営んでいた商人のものとは根本的にちがっていたのである。

つまり世界が産業経済化していく過程のなかで、「古い商業の世界」は、ある意味切り捨てられ、商人に取って代わる新しいプレイヤーが経済もしくはビジネスの中心となっていくんですね。

山下　日本の近代化の過程でいえば、明治の財閥のマネジメント層というのは当初、丁稚や手代から上がってきた人が中心です。つまり、商人層が経営していた。そこに人材として新たに送り込まれてきたのが、現在の慶應義塾大学や一橋大学といった学校の出身者たちでした。対して、非財閥系はビジネススクール出身ではなく、アメリカと同じく鉄道のマネジメントをやっていた、むしろエンジニア畑のような人たちが経営に入っていったと言われます。日本の企業の経営と、商人の世界が、単純な関係で結びつかなかったというのも、こうした背景があるのかもしれませんね。

若林　会社というものの歴史を考える上では、会社を動かすプレイヤーが商人からエンジニアへと転換していったことによる断層も考慮すべきだということですよね。つまり明治期の日本人は、それまであった日本のあり方から脱して西洋のあり方に適応しつつ、同時に、その西洋において起きていた、商人世界からの脱却といった転換にも適応しなくてはならなかったと。そうだとするなら彼らを直撃した困難は二重どころか、三重、四重にも複雑なものだったとも言えそうです。しかも山下さんがおっしゃる通り、いろんな認識のズレが、それこそボタンの掛け違いのようにして、時代を経るなかでどんどん広がってもいそうですから、これを解きほぐすのは途方もない作業になりそうです。

山下　そうですね。「世間」や「社会」という語や、「ヨコの社会」をめぐる文脈を見

エンジニア畑のような人たち　近代国家の建設と産業革命の遂行のために、技術に特化した「工学系」の学校が、18世紀以降まずはヨーロッパで盛んに設立される。1747年設立のフランスの土木工学校、1765年設立のドイツのフライベルク鉱山学校などがその嚆矢とされるが、日本では、1873年に設立された工学寮工学校（のちに工部大学校に改称）から国家による技術者養成が始まる。東京駅丸の内駅舎を設計した辰野金吾はもとより、電信科卒業後エジソンの元で働き1899年に日本電気を創業する岩垂邦彦、東洋紡の設立に尽力した機械科卒の服部俊一、機械科卒業後、八幡製鉄所技師を経てダイハツの前身となる発動機製造社の設立に関わる安永義章、紙幣用のインキや爆薬を発明する化学（舎密）科出身の下瀬雅允、福沢諭吉の娘婿で農商務省の技師となった同じく舎密科卒の中村貞吉など、錚々たる人材を国家の中枢へと送り出した。

ただけでも、その混乱ぶりはわかりました。しかもその混乱がダイレクトに私たちの現在の「会社観」にもつながっているのだとすると、率直に言って、これは私たちなぞには到底手に負える話題ではないですね（笑）。

若林　今回も、ほとんど試験前の学生みたいなにわか勉強で臨んだわけですが、にわか勉強なりに、個人的には気づきも多かった気もしますので、あまり気張らずに夏休みの自由研究のような感じで進めていけたらと思います。次回は、渋沢栄一『論語と算盤』とマックス・ヴェーバーの『プロテスタンティズムの倫理と資本主義の精神』を題材にしながら、「勤労」というお題を考えてみたいと思います。

畑中　会社に勤めるにあたって、お金をもらう以外に、どんなモチベーションがあるのか。経営者の側は、社員にどんな動機をもたせるのか。働くほうにとっては、なぜ働くのか。そんなあたりを考えていけたらと思っています。

虹・市・起業

Text by Akihiro Hatanaka

網野善彦は『日本の歴史をよみなおす』その他の著作で、同じ日本中世史学者・勝俣鎮夫の論にもとづき、中世社会における経済のあり方について言及した。そこで網野は、貨幣と商業、金融が発生する初期のかたちをこんなふうに叙述している。

モノがモノとして相互に交換されるには、特定の条件をそなえた場が必要で、その場所が「市場」である。市場では、モノとモノとは贈与互酬の関係から切り離されて交易されることになるため、古くから日常の世界での関係の切れた「無縁」の場として設定されてきたのではないか。交易は神仏と関わりのある場所、つまり人の力の超えた世界と関係のあるところでなければ行い得なかった。これが商品交換の最も原初的なかたちだった——。

さらに網野は勝俣説に依拠して、こんな刺激的な「市・発生論」をのべる。

虹が立つと、必ずそこに市を立てなくてはならないという慣習が古くからあった。平安時代の貴族の記録にも出ていて、藤原道長の邸宅のなかで虹が立ったため、そこに市を立てて交易を行っている。虹が立った場所など本当はわからないはずなのに、ともかくそのようにしなければならなかったのだ。

勝俣によると、虹の立つところに市を立てる習慣は、日本だけではなく他の国にもあったという。それは虹があの世とこの世、神の世界と俗界との架け橋で、そこで交易を行い神を喜ばさなくてはいけないという観念があったからではないか。そしてこれによってもわかるように、市場は神の世界と人間の世界、聖なる世界と俗界との境に設定されたことを指摘する。

実際に日本の社会では、河原、川の中洲、あるいは海と陸との境である浜、山と平地の境目である坂などに市が立った。そしてそこには、市から市へと移り歩いて交易活動を行う職能民や、見世物を繰り広げる芸能民が集ってきたのである。網野と画家・司修の共作による絵本『河原にできた中世の町:へんれきする人びとの集まるところ』(岩波書店、1988年)には、そんな様子が民俗的かつ幻想的に捉えられている。

上のような習俗を現代風に言い換えるなら、中世の人びとは虹が立ったところに「起業」したのだ。「会社」の「社」が古代中国の宗教的・地縁的共同体から来ているように、市(市場・マーケット)や起業の淵源も、こんな民俗から来ているといえるのである。

第2回

ふたつの「勤勉」

『論語と算盤』がわからない

畑中　今回は予告で、渋沢栄一の『論語と算盤』、そしてマックス・ヴェーバーの『プロテスタンティズムの倫理と資本主義の精神』を扱うとお伝えしていました。『論語と算盤』は近年、経営者や起業家といった人たちがこれを読んで勉強会をしている、という流れがあります。渋沢を主人公にしたＮＨＫの大河ドラマ『青天を衝け』もありましたし。いま私たちが書店で手に取ることができる『論語と算盤』は、いくつかの出版社から出ていますが、例えば守屋淳さん訳のちくま新書版『現代語訳 論語と算盤』は、すでに60万部を突破していると帯で謳われています。

若林　すごい数字ですね。畑中さんのおっしゃる通りたしかに『論語と算盤』をテーマにした読書会や勉強会があるということは私もちらほら耳にするのですが、皆さんいったい何を学んでいるんでしょうか。

【脚註および余談】
Text by Kei Wakabayashi

『論語と算盤』　日本資本主義の父と呼ばれる渋沢栄一の代表的著作は、１９１６年9月13日に東亜堂書房という東京・本郷の出版社から「縮刷名著叢書」というシリーズの一冊として初版が刊行された。東亜堂書房は、１９２２年に解散し、所有していた紙型は忠誠堂という版元に譲渡されたそうだが、翌23年に関東大震災で紙型が消失したとも言われ、１９２７年に刊行された忠誠堂版は、初版の東亜堂版とは異なる箇所があると渋沢栄一記念財団のウェブサイトは伝えている。現在では、オンライン書店でざっと見ただけでも20種類以上のバリエーションが刊行され、「図解」「漫画版」「超約版」「声に出して読む」「あらすじ」等々、渋沢の教えを現代読者に伝えるべく出版各

畑中　例えば、企業のトップにいる人間として働き手の人たちとどういう関係を結んだらいいのか、というようなことを考えてみるみたいですね。一方の『プロテスタンティズムの倫理と資本主義の精神』はまったく異なる趣向の本ですが、会社・企業や資本主義とは何なのかを考えるときに、必ずといっていいほど名前の挙がる一冊です。今回はこの古典的な名著と、ここ数年の間に日本の「会社」の現場の人たちが注目している本を読み比べてみよう、と思っています。

山下　さらに前回のイベントが終わった後、若林さんからもう一冊、福沢諭吉の『学問のすゝめ』を追加してはどうかと提案がありました。

畑中　これも現在では複数の出版社から出ていますが、齋藤孝さん訳のちくま新書版『現代語訳　学問のすすめ』の帯には、「350万のリーダーたちに読み継がれてきた『人生』の教科書」と書いてあります。

若林　今回は主に、『論語と算盤』は角川ソフィア文庫版を、『学問のすゝめ』は岩波文庫版を参照しています。早速ですが、客席の方で『論語と算盤』、読んだことがあ

社が工夫を重ねている。

『**プロテスタンティズムの倫理と資本主義の精神**』　略して「プロ倫」とも称されるマックス・ヴェーバーの代表的論文。1904-5年に執筆され、1905年にヴェルナー・ゾンバルトとともに編集する雑誌〈Archiv für Sozialwissenschaft und Sozialpolitik〉に発表された。1930年にタルコット・パーソンズの英訳でアメリカに紹介され、1938年には梶山力の訳で日本でも刊行された。その梶山版に大塚久雄が加わった共訳版（岩波書店、1955年／1962年）が戦後日本の読者にとっての決定版となった。

『**青天を衝け**』　2021年に放映されたNHK大河ドラマ第60作。脚本は大森美香が担当し、主人公の渋沢栄一役を吉沢亮が務めた。

る人いますか？　あ、いらっしゃいますね。いかがでしたか？

Ａ　あまり実学っぽく捉えないほうがいい本だ、と思いました。

畑中　たしかに。いま実学として『論語と算盤』を読むと、何の役に立つのかよくわからなかった……というのは私としても正直なところです。

山下　率直に言えば、巷に溢れている自己啓発本のように、ご都合主義的にいろんなものをつぎはぎしつつ、卑近な例も用いながら無理やり説明しているな、という感触がありました。当時の、会社や株式市場という新しい概念をほとんど知らない市民に向けた語り口としては、これでよかったのかもしれませんが。

畑中　まず確認しておきたいのは『論語と算盤』が刊行されたのが１９１６（大正５）年で、『学問のすゝめ』からだいぶ時代が進んだ段階で出版されている点です。分冊で出ていた『学問のすゝめ』の合本が発売されたのが１８８０（明治13）年ですから、『論語と算盤』までには40年近い時間が流れています。『学問のすゝめ』には、新時代は

『学問のすゝめ』　福沢諭吉の代表的著作として知られる本書は、初編が１８７２年に刊行され、１８７６年の17編の刊行をもって完結し、１８８０年に合本として１冊にまとまった。刊行当時、人口が３０００万人ほどだった日本で３００万部を売り上げる未曽有のベストセラーとなったというが、３００万部の需要を捌くことのできる生産・流通インフラがあったことにも驚く。

近世社会の儒教的な上下の人間関係、武士道や仁義のもとではだめなんだ、そんなことでは世界に乗り遅れてしまうんだということが書かれています。しかしそれから40年近く経った『論語と算盤』では、儒教の忠信孝悌は大事ですよ、というようなことを言っている。福沢が転換期に必死にアピールしたことを、まったく反故にしているんですね（笑）。今回、私は『論語と算盤』の後に『学問のすゝめ』を読んだのですが、『学問のすゝめ』がまるで『論語と算盤』に対する批判のように読めるのが面白かったです。渋沢と福沢はある程度親しい間柄ではあったらしいのですが。

山下　福沢諭吉は父親も儒教学者ですし、自分も儒教には慣れ親しんできたから一定の理解はあるはずですが、西洋思想を踏まえた言論人となってからは、儒教には非常に手厳しいですね。

若林　私の雑な感想は、福沢・渋沢両先生のスタンスに関わることなのですが、まず渋沢先生のポジションは、商売人というよりは官僚に近い感じがしました。『論語と算盤』の基調は「富は積み重なっても、哀しいかな武士道徳とか、あるいは仁義道徳というものが、地を払っておる」ことに対する怒りで、そこから渋沢先生は「国家の

儒教　『学問のすゝめ』においても福沢諭吉が旧体制の象徴として槍玉にあげたのが『論語』だった。福沢は『論語』における「君臣の序義」、つまり人と人の間にある上下関係を批判し、あらゆる人の平等を謳ったが、その一方で、「人の能力は天賦遺伝の際限ありて、決して其以上に出るべからず……幾百千段の優劣は既に先天に定まりて決して動かざるものなり」と１８７５年の論説「教育の力」に記している。福沢諭吉と優生思想の関係は折に触れて取り沙汰されるが、あらゆる人の平等を謳った「天賦人権」の理念と、「天賦能力の差」という現実をいかに擦り合わせるのかという福沢が直面した難問は、いまなお現代社会に重くのしかかっている。

工場で働く女性たち。年代不詳

人格」が退行していることを嘆き、ビジネスにおける倫理や教育の重要性を説くのですが、そのポジショニングが基本「上から」という感じがとてもしたんです。つまり国の行方を「設計」する人の立場から書かれた本のように読めたんですね。

畑中　実業の心得というよりは、なんだか「政策談義」っぽいと。明治の官民一体となった経済政策を担い、獅子奮迅の活躍をし、それが一定の成果に達したら、今度はそこに何の精神性もないのが気にいらない。実際、渋沢は明治新政府で、大蔵省に出仕していますし、天下国家をつくる立場にいたわけですから、やはり、そのスタンスは色濃く出ているかもしれません。

若林　もちろん、一国の経済をスクラッチから立ち上げ直すわけですから、企業や経営者が利益にばかり走るのははしたない、もっと公共的な観点から経済を考えてもらわにゃ困るというのは、その通りだと思いますし、いまでも通用する話ではあるのですが、その視点が「民間」の人の視点ではない気がしたんです。

山下　渋沢は「士魂商才」ということばを『論語と算盤』のなかで語り、武士の倫理観と商人の才覚のベストミックスを謳うのですが、ここでいう「武士」が江戸時代の武士のことを指しているなら、その頃の武士はいわば官僚階級のことですから、言い換えるなら、公務員の公共心と商人の抜け目なさをもて、というメッセージになってしまいます。悪いメッセージではないのかもしれませんが、そもそもいったい誰に向けてこれを言っているのかが、よくわからなくなってしまいます。当時は公に貢献すること＝官僚になるというイメージが強かったようですし、実際に渋沢は武家出身の優秀な人材を民間に引き込むことに腐心していたようなので、その背景を知れば説得力はあったのかもしれません。

若林　一方の福沢先生は、逆に、どの立場で『学問のすゝめ』を書いたのかがよくわからない、というのが率直な印象です。在野の誰か、という立場なのはわかるのですが、ずっと読みながら「お前、何者やねん」と思ってしまいました（笑）。

畑中　学問もジャーナリズムも黎明期だった頃においては、福沢のような知識人の評論家的なポジションを定位することばもおそらくなかったでしょうから、例えば吉田松陰が私塾の先生として尊敬されていたのと同じような立ち位置にある「知識人」だ

お前、何者やねん　諭吉の父・百助は儒学者だった。緒方洪庵の適塾で蘭学を学んだ諭吉は3年で塾長（塾生の代表）となった。その後佐久間象山に呼ばれて江戸の私塾で蘭学の講師を務めたのち慶應義塾を開くが、それも蘭学の塾だった。その意味では「学者／

ったと想像できますね。

山下　アカデミアの研究者というポジションとも違う、ふんわりとした知識人。いまでいう「有識者」なのかもしれませんが、その曖昧さは、あるいは、福沢諭吉あたりからずっとつながっているものなのかもしれませんね。

畑中　前回、「社会一般」というものが、どのようにして形づくられたかをざっと見ましたが、そこでは社会というものが、複数ある「世間」とは違った「ひとつのもの」としてイメージされるようになってしまったことが、日本人にとっては大きな転換だったという話をしました。渋沢の語る「国家の人格」なんていうことばは、まさに「社会一般」を論じるもので、その「社会一般」を貫く精神性のあり方を問うているわけですね。一方の福沢は、若林さんの見立てでいけば、「社会一般」が編成されていくなかで、そのなかを生きる新たな主体である「市民」の視点から国家や「社会一般」を語るという立ち位置になっている、ということなのかもしれません。

蘭学者」が最も相応しい肩書きなのだろうが、福沢諭吉のフェイク自伝『福翁夢中伝』（早川書房、２０２３年）を書いた荒俣宏は、「官僚でもなければ博士でもない／偉そうな肩書が一切ない／〝独立自尊〟の面白いおじさん」であったのが福沢のすごいところだとORICON NEWSに語っている。

資本主義の不気味な「精神」

山下　「社会一般の精神」というキーワードが出たところで、今回のお題となったマックス・ヴェーバーの話にいくと面白いと思います。

マックス・ヴェーバーの『プロテスタンティズムの倫理と資本主義の精神』は、資本主義の精神を明らかにしたありがたい本だということになっていますが、実際はとてもひねくれた辛辣な本で、資本主義というものはプロテスタントのある特殊なセクトから生まれた、かなりいびつなものであることを明かすのが大枠の主旨です。そして、ヴェーバーは、資本主義というのは、経済のシステムではなく、新たな「精神」の形態だと言い切っているのが、改めてすごいんですね。

若林　『プロ倫』の面白さは、まさにそこだと私も感じました。ヴェーバーは「資本主義」という新しい「精神」を体現したのは、こういう人たちだったと書いています。

こうした転換を生み出したのは、経済史のどの時期にも姿をみせる無鉄砲で厚顔無恥な投機師や、経済の分野での〈冒険者たち〉ではなかったし、たんなる「大金持ち」でもなかった。むしろ厳格な生活の規律のもとで育ち、冒険すると同時に熟慮する人々、とくに市民的なものの見方と原則を身につけて、醒めたまなざしで弛みなく、綿密かつ徹底的に仕事に従事する人々こそが、こうした転換を遂行したのである。（中略）

しかしこのことこそが、前資本主義的な人々にとっては理解しがたい謎めいた事実であって、資本主義的な実業家を汚らわしく、軽蔑すべき人間にみせたものなのである。前資本主義的な人々にとっては、金と財貨という物質的な富の重荷だけを背負って墓に下ることを自分の一生の仕事の目的として考える人がいるとすれば、それは呪われた金銭欲《アウリ・サクラ・ファメス》という倒錯した欲動の産物としてしか、説明できないと思われたのである。

（中山元訳、日経BPクラシックスより引用、以下同）

山下　重要なのは、資本主義的な実業家というものが、それ以前の商人や富豪とは完全に一線を画す存在で、しかも、それが非常に汚らわしい存在に見えたという点です。山師的な商人や投機家、冒険者はそれまでもいつの時代にもいたわけですが、新しく出てきた資本家は、精神においてそれとはまったく異なり、そうであるがゆえに、とてつもなく不気味に見えたと。

若林　その感じって、例えばスティーブ・ジョブズとビル・ゲイツの違いとしてイメージできるような気もします。ジョブズは、それこそ初期の頃に海賊旗を掲げていたことに象徴されるように、自分たちを新しいデジタル時代の「冒険者」だとイメージしていたんだと思うんです。つまり「山師的」な商人、もしくは商業的なアウトローですね。であればこそ、社会からはみ出す破天荒さやクリエイティビティ、つまり「Think Different」がメッセージとして意味をもつし、お客さんも熱狂しやすかった。一方のゲイツは、まさに「厳格な生活の規律のもとで育ち、市民的なものの見方と原則を身につけて、醒めたまなざしで弛みなく、綿密かつ徹底的に仕事に従事する」という起業家のイメージですし、マイクロソフトのサービスは、まさに、こうした人たちの仕事をサポートするものだったわけですよね。

畑中　いまの話から渋沢栄一を読み直してみると、「士魂商才」「三方よし」といった考え方からわかる通り、士農工商の階級制度から解放された「市民」が行う民間ビジネスを、渋沢は、古典的な商人、よくてヴェーバーが語った「前資本主義的」な企業

スティーブ・ジョブズとビル・ゲイツ　それまではほとんど表舞台に出ることのなかった「テック系のギーク」が「発明家」としてだけでなく「ビジネス」のスーパースターと見なされるようになったのは、このふたりの登場が大きかった。以後、ザッカーバーグからイーロン・マスクまで、スター起業家は次々と現れては消えていくが、その多くがいまだにかつての「ビジネス界の重鎮」のようには社会の尊敬や信頼を勝ち取るにいたっていないのはなぜなのか。尊敬どころか、マスクもゲイツもザックも公然と「社会の敵」と見なされている状況を、『プロ倫』片手にいま一度考え直してみるのも一興だ。

家や経営者のものとしてイメージしていたということですね。ただ、そうした商人の抜け目なさや狡猾さに任せておくと「国家の人格」がどんどん劣化していく。そこを「論語」で支えようというのが、『論語と算盤』の主旨だったと。とするなら、そこにはヴェーバーが指摘した「資本主義的な実業家」というものが存在していないことになりますね。

若林　そこは案外重要な気がするんです。渋沢先生は「国家の人格」を貶めている民間セクターの問題は、商人的な放埓や利己主義だと見ているわけですが、「国家の人格」を貶めているものの根源にあったのが、実はそれではなく、むしろ「資本主義という精神」だったとすると、彼らは、そもそもが「醒めたまなざしで弛みなく、綿密かつ徹底的に仕事に従事する」新人類で、かつ、ヴェーバーが指摘した通り、彼らがそういう仕事の仕方を「倫理」にまで高めた人たちなのであれば、そこにあるのは海賊的な「倫理の堕落」ではなく、むしろまったく異なる倫理の勃興ですから、儒教をもってそれを矯正するという見立ては意味を失ってしまうことにもなりそうです。

山下　資本主義原理主義者の議論には、ヴェーバーが指摘したように、合理性や効率性を一種の倫理と見なす感覚はありますよね。それに向かって「道徳心がない」と言ったところで意味がないわけで、いまでもその手の応酬はよく見かけますが、いまなお基本ずっと平行線をたどっている感じがします。「三方よし」といくら言っても、資本主義に対する批判になっていないわけですね。

貯める勤勉・働く勤勉

畑中　そもそも「資本主義」における企業家と、それ以前の商人の違いって何なんですかね。

山下　教科書的な説明ですと、資本主義を規定する最大の要件は「個人による資本の私有」ということだとされます。ここでいう資本とは、生産のための土地、資金、施設・設備などのことで、これを個人が私有してしまうことの新奇さは、日本のそれまでの商家では資本と呼べるものは個人ではなく「家」が保有するものだったことを考えると、際立つのではないかと思います。これまで「家」が保有していたはずの財を、突然「全部おれのものだから」と言い出すヤツがいたら、それはたしかに「呪われた

基本ずっと平行線　この平行線は、思想家の東浩紀が『ゲンロン0 観光客の哲学』（ゲンロン、2017年）で論じた「リバタリアニズム」と「コミュニタリアニズム」の二極化と読み換えることができるかもしれない。「リバタリアニズムはグローバリズムの思想的表現で、コミュニタリアニズムは現代のナショナリズムの思想的な表現である。そしてリベラリズムは、かつてのナショナリズムの思想的な表現だ。リベラリズムは普遍的な正義を信じた。他者への寛容を信じた。けれどもその立場は二〇世紀の後半に急速に影響力を失い、いまではリバタリアニズムとコミュニタリアニズムだけが残されている。リバタリアンには動物の快楽しかなく、コミュニタリアンには共同体の善しかない。このままではどこにも普遍も他者も現れない。それがぼくたちが直面している思想的な困難である」。この二極化の図式を念頭においておくと社会や政治の動きが見通しやすくなる。

金銭欲」のもち主にしか見えませんよね。

若林　そういう意味で、資本主義のエートスは、実は「金儲け」ではなく、むしろ「蓄財」にあったとも言えるわけですね。ちなみに、ヴェーバーは、蓄財を善とする観念は宗教から生まれると分析しています。これは、ヴェーバーが引用したジョン・ウェスレーという宗教家のことばですが、宗教が推奨する勤勉・倹約がどこに帰結するかを端的に明かしています。

> わたしたちは、すべてのキリスト者にたいして、できるかぎり多くの利益を獲得するとともに、できるかぎり節約するよう戒めねばならない。しかしその結果はどうなるかというと、富が蓄積されるということなのだ。

山下　勤勉に働けば、富は蓄積されていく。

若林　そうなんです。引用箇所は前後しますが、こんな文章もあります。

宗教　『プロ倫』は最初雑誌に掲載された論文だが、のちに『宗教社会学論選』の一部として刊行された。目次は以下のように構成されている。

・序言
・プロテスタンティズムの倫理と資本主義の精神
・プロテスタンティズムの教派と資本主義の精神
・世界宗教の経済倫理
序論／儒教と道教／中間考察／ヒンドゥー教と仏教／古代ユダヤ教
・付録：パリサイびと

目次からも明らかな通り、ヴェーバーは宗教と経済倫理の関係を世界のさまざまな宗教において比較しながら論じるという壮大な試みのなかに『プロ倫』を位置づけているが、西洋由来の資本主義の限界が叫ばれるなか、そのオルタナティブを探す上でも、この論集はいまこそ向き合ってみたくなる。日経BPから2017年に刊行された中山元訳『世界宗教の経済倫理：比較宗教社会学の試み　序論・中間考察』は、その格好の入門となる一冊だ。

宗教は必ずや勤労《インダストリー》と節約《フリュガルティ》をもたらすのであり、この二つは必ずや富をもたらさずにいない。しかし富が増大すると誇りも高くなり、あらゆる形で情熱と現世への愛も強くなる。（中略）こうして宗教の形だけは残っても、精神は次第に消滅してゆくのである。

宗教的な「勤労」「節約」から神の恩寵が後退して、精神のない「勤労」だけが残っていくというわけです。

畑中　面白いですね。宗教が勤勉・勤労を促し、その結果富が増すと現世への執着が強まる。すると宗教の部分はどんどん薄まり、「勤勉・勤労」の部分だけが残り、それが宗教そのもののような道徳性や倫理性を帯びていく。

私は、勤勉と日本社会ということを考えるにあたっては、歴史学者の安丸良夫さんの『日本の近代化と民衆思想』にどうしても触れたくなります。安丸さんの「通俗道徳」論では、西洋から新しく入ってきた市場や経済をめぐって、これまでとはまったく異なるシステムに対する衝撃を受け止めるためのクッションとして「通俗道徳」というものが必要とされ、それが日本社会のあり方を規定したとしています。けれ

『日本の近代化と民衆思想』
畑中がかねて座右の書のひとつとして挙げる名著。初版は1974年に青木書店より刊行され、1999年に平凡社ライブラリーに収録された。民俗学者の宮田登は、本書が以後の民衆思想史の研究にもたらした重要な問題提起は4つあると語る。「通俗道徳という価値基準を設定したこと」「民衆宗教を土着の民俗信仰の流れを基盤とする世界観として位置づけることを明示したこと」「百姓一揆を思想史として把握したこと」「民衆思想を対象化させるための方法論を定

ども、資本主義の成立の経緯もわからず突然そのなかに放り込まれた日本人としては、目に見える価値軸としての「勤労」という観念を手がかりにするしかなかったということなのかもしれません。

山下　日本の「勤労」をめぐる文脈としては、速水融先生が『近世日本の経済社会』で提唱された「勤勉革命」(industrious revolution) という話も重要かもしれません。「勤勉革命」は、イギリスで起きた「産業革命」(industrial revolution) に対置される概念ですが、産業革命が機械などの資本の使用を通じて生産性を向上させる資本集約型・労働節約型の生産革命だったのに対し、江戸時代の日本で起きた「勤勉革命」は、家畜などの資本力をむしろ人力の労働力に置き換えることで実現した、資本節約型・労働集約型の生産革命だとされています。

つまり、通常の資本主義の観念からすれば、生産性が上がって富が蓄積されていくと、それを資本として新たな生産手段に投資し生産性を上げていくことになるはずが、日本の勤勉革命では、お金は貯まっていったとしても資本投下は行われず、生産性が上がれば上がるほど、むしろ自分たちが忙しくなるという、西洋のそれとは反転した格好になっています。

立させたこと」。とりわけ宮田が注目したのは「民俗的世界の諸現象を、従来の思想史家の仕事にみられない形で位置づけようとしたこと」だったと1975年の書評に綴っている。

『近世日本の経済社会』　歴史人口学者の速水融が1973年に慶應通信から刊行した『日本における経済社会の展開』に新たな論文を加えて2003年に麗澤大学出版会から刊行されたのが本書。日本の歴史人口学の父として知られる速水は、都立一中（現在の日比谷高校）では孤高の経済学者・宇沢弘文と、慶應義塾大学卒業後に在籍した宮本常一率いる日本常民文化研究所では網野善彦と机を並べ、宮本の漁村調査にも同行したともいう。

速水融の「勤勉革命」

Text by Shotaro Yamashita

「勤勉革命」(Industrious Revolution) ということばは、1976年に歴史人口学者の速水融が日本の江戸時代の経済的・社会的変化を説明するためにつくり出した。彼はこれを西欧の「産業革命」(Industrial Revolution) と対比させ、労働と消費の変革が日本独自の道を歩んだことを指摘している。後にヤン・デ・フリースが、18世紀ヨーロッパにおける類似の現象を同じく「勤勉革命」として論じたが、このふたつの革命は、異なる歴史的背景をもちながらも、労働と消費の本質的な変化に関して共通性を有している。

歴史はしばしば、無意識のうちに現代の私たちに残り続けている。江戸時代の日本、そして18世紀のヨーロッパでは、家族全体が労働に参加し、労働時間が徐々に延びていった。日本では、農民たちは土地を開拓し、より豊かな収穫を求めて労働に従事した。市場経済の台頭とともに、彼らは自給自足から市場での競争に引き込まれていった。

ヨーロッパでも同じように、市場が広がり、家庭内での生産は消費財を求める需要に応じて変化していった。特に、家族という単位での労働力が重要な要素となり、女性や子どもまでもがその労働に巻き込まれた。

だが、その行き着く先は異なるものであった。日本は労働集約的な成長を遂げ、人力が主役であり続けた。家畜や機械に依存することなく、手作業によって農業生産は拡大し続けた。一方で、ヨーロッパでは資本が主導する経済が進展し、消費の拡大が技術革新と工業化を後押しした。産業革命は、単に技術の進歩によって成し遂げられたのではなく、勤勉革命がその土台を築いていたという点がここで浮かび上がる。

では、私たちはいま、どうだろう?「勤勉さ」は、いまなおわたしたちに刻み込まれた価値観として存在しているが、それは美徳なのか、それとも束縛なのか?働く時間が長いほど偉いとされるこの価値観は、知識労働が中心となった現代においてもはや限界に近づいているのではないだろうか。自分の労働にどんな意味を見いだし、何を追い求めるのか。時間を費やすこと自体が目的ではなく、その時間がどのように使われるのかが問われる時代に、私たちは立っている。

新たな革命が必要だとすれば、それは単に労働時間を短縮するというだけの話ではない。私たちは何のために働くのか。その問いこそが未来を形づくる鍵となるのかもしれない。労働の在り方を再考し、効率や創造性を超えた意味を見いだすことが、次の「勤勉革命」になるのではないだろうか。

若林　めちゃ面白いです。日本の会社ってまさに資本節約型・労働集約型で、儲かれば儲かるほど自分たちが忙しくなる、極めてマゾヒスティックな「勤労社会」ですよね。そのことと、畑中さんのお話とを無理やり結びつけるなら、ヴェーバーが描いた「醒めたまなざしで弛みなく、綿密かつ徹底的に仕事に従事する」ことで私財を貯め込み、それを再投資することで資本をどんどん大きくしていく資本主義的な「勤勉」を、日本人は、資本を節約する代わりに自分たちが手を動かしながら創意工夫を重ねていく「勤勉」であると理解し、しかも、それを道徳観念として、いわば倫理化したということにもなりそうです。

経営と温情主義

山下　そこにさらに「私有」という概念の馴染まなさが、特に日本の「会社」というものをめぐってはまとわりつくことにもなります。これは端的に「社員」という概念に現れてくることなのですが、岩井克人さんの『会社はこれからどうなるのか』を読むと、以下のように書かれています。

『会社はこれからどうなるのか』1985年の『ヴェニスの商人の資本論』（筑摩書房）、

会社法の上では、従業員とは会社の「外部」の人間です。かれらは、法人としての会社と雇用契約という契約を結んでいる存在にすぎません。その意味では、原材料の供給者や製品の需要者や金融機関と変わるところはありません。

だが、ここにパラドックスがあります。日本では、通常、会社の従業員のことを「社員」とよんでいます。ところが、この「社員」という言葉は、会社法を読むと、ほんとうは会社の所有者である株主のことを指す言葉なのです。

前提として、会社というものは二重構造になっていまして、「第一に、『会社資産』の所有者は、法人としての『会社』です。そして第二に、『株主』とは、この『会社』の所有者でしかありません」というのが岩井さんが説明する、会社というものの基本です。ですから、「社員」ということばは、本当は「株主」のことを指していて、私たちが普段「社員」と考えている立場は、会社の「外部」なんだというんですね。岩井さんの見方に基づけば、「社員」ということば自体が、すごく変なものに感じられてきます。

1993年の『貨幣論』（筑摩書房）で貨幣の謎に鮮やかに切り込んだ経済学者が、「会社」の謎に迫った必読書は、2003年に平凡社から刊行され、2009年に平凡社ライブラリーに収録された。「株主主権論的な会社のあり方の凋落をもたらすポスト産業資本主義」における日本の会社はどうすべきなのか。岩井の結論は、「『変わらなくてもよい』が、『変わらなくてはならない』」だった。

「社員」ということば　「社員」にぴたりと該当する英語はない。無理に英訳しようとすると、「employee ＝雇われている社員・従業員」、「worker ＝仕事をする人・労働者・自営業者」、「staff / staff members

畑中　「社員」というのは、基本的にはただ単に契約でつながっている「外部」であると。

山下　そうですね。ですから、「被雇用者」という言い方が本来的には正しいのではないでしょうか。

若林　そうだとすると、私たちが考える「社員」は、自分自身を資本とする零細資本家である「個人」として会社と法人同士として契約しているということになるんですかね。それとも「工場」や「生産機械」と変わらない「私有化された生産手段」なのか。どっちなんでしょうね。

山下　そこをどう考えるのか、さまざまな異論がありそうですが、先の二重構造から見るとどちらでもあり得てしまうのかもしれません。いずれにせよ、ここで例えば日本的な経営の代名詞として使われてきた「家族的経営」という言い方がいったい何を含意しているのかを考えてみると、少なくとも私たちが「社員」というものをどうイ

＝社員・職員のまとまり」、「personnel ＝管理職を含む社員全体」、「team ＝対外的に自社の社員のことを伝える際に使用」などを使い分けなくてはならなくなる。

家族的経営　「経営家族主義」は英語でいうと「managerial paternalism」で、『日本大百

メージしているかが見えてくるのかもしれません。
「家族的経営」は、簡単に言えば、親と子の関係性をもって経営者と被雇用者の関係を説明しようとするものですが、ここにあるのは、言うなれば前資本主義的な温情主義《パターナリズム》です。日本人はまず確実に、岩井さんが説明したかたちでは「会社」や「社員」を理解はしてはおらず、むしろほとんどは、この「家・親・子」のアナロジーで認識しているように感じます。

若林　ほんとですね。渋沢先生は、富める者が救貧活動を行うことの重要性を『論語と算盤』のなかで語っていて、社会で財をなす人は「自己を愛する観念が強いだけに、社会をもまた同一の度合いをもって愛しなければならぬ」と語り、これを経営者の「当然の義務」だとしていますが、その義務を根拠づけるロジックとして、以下のようなことを語っています。

如何に自ら苦心して築いた富にした所で、富はすなわち、自己一人の専有だと思うのは大いなる見当違いである。要するに、人はただ一人のみにては何事もなし得るものでない。国家社会の助けによって自らも利し、安全に生存するもできるので、

科全書』の辞書的な語義を記すとこうなる。「家族制度における家父長的温情主義を企業経営に持ち込み、それを経営の運営原理とすること」。この考えを日本の人事制度に組み込み定式化した功績で名が挙がるのは「紡績王」として名高い武藤山治だ。労務管理思想の父としても名を残す武藤は、１９１１年に「科学的操業法」の名でテーラー主義を導入したのちも、１９１５年に「精神的操業法」、１９２１年に「家族式管理法」といった斬新なコンセプトを次々と打ち出しただけでなく、工場内に託児所を設けたり、共済組合や意見箱などをつくったりと施策面でもイノベーターだった。鐘紡の工員向けの雑誌『鐘紡の汽笛』『女子の友』を発刊したのも武藤だった。彼の業績については、日本経済評論社から２０１３年に刊行された山本長次著『武藤山治：日本的経営の祖』が入門書としては最適だ。

もし国家社会がなかったならば、何人たりとも満足にこの世に立つことは不可能であろう。これを思えば、富の度を増せば増すほど、社会の助力を受けている訳だから、この恩恵に酬ゆるに、救済事業をもってするがごときは、むしろ当然の義務で、できる限り社会のために助力しなければならぬ筈と思う。

これは「社員」と呼ばれる人たちに向けた話ではないのですが、ここで語られたような義務を経営者がちゃんと果たさないと「富豪」と「社会民人」との間に衝突が起こり、「社会主義となり『ストライキ』となり、結局大不利益を招くようにならぬとも限らぬ」と言うわけです。

つまり、反発を招くと自分が結局損をするので、「社会民人」の面倒をちゃんと見ないとダメだよ、という説明の仕方になるのですが、訓話としてはいい話であったとしても、ここには、かなり強く温情主義的な傾向が出ている気がします。

このあたりの話は、会社と家父長制という問題を扱う予定になっている次回でも話題になるかもしれません。また、これは余談ですが、産業革命以降のイギリスにおける「工場」や「工員」の誕生と過酷かつ劣悪な労働環境の登場には、本来は福祉目的であったはずの「救貧法」や「救貧院」といったものが深く関わっているとされ、日

救貧法　イギリスの救貧法は16世紀に始まり、その後時代を経るなかでかたちを変え近代福祉制度の礎になったともいわれるが、一方で多くの問題も孕んでいた。とりわけ評判が悪いのは、17世紀後半に広まった救貧院と呼ばれる貧民収容施設だった。表向きは自活できない貧民に仕事を与えることが目的ではあったものの、浮浪者などを収容する治安目的の施設でもあり、単純労働にこき使われた上、居住環境も劣悪だった。さらに１８３４年の救貧法の大改正によって、怠け者による悪用を防ぐため、救貧院での生活を院外よりも過酷・劣悪にしておくことが定められ、小説家ディケンズをして小説『オリヴァー・ツイスト』の登場人物に「そこに行くなら死んだほうがまし」と言わしめたほどの惨状だったという。救済を目的とした施策が、さまざまな理由から貧者をより苦しめるという矛盾は、その後工場労働をめぐる問題にも影を落とすこととなる。

本にもその影響があったともされます。工場労働者の登場と「福祉・救貧」といった概念の結びつきが、歴史的に深く絡まり合っているものなのであれば、渋沢先生の言う「救済」の観念も、一概にシンプルな経営道徳としてばかり読むわけにはいかないのかもしれません。

俸禄とへそくり

畑中　会社が「家族」であればこそ、終身雇用という観念も、しぶとく残り続けるのだと思いますが、この「家族的経営」や、それとセットで語られる「終身雇用」という概念は、日本の伝統に根ざしたものというよりは、ここまでのお話のように、資本主義という不気味なものを制御するために編み出された苦肉の策であるように私には感じられてきます。

若林　終身雇用の発生については、日本社会が近代化して労働市場が流動化し、職工が次々と職場を変えるようなある意味自由主義的な労働市場だったものが、日中戦争を境に一気に状況が変わったという話は聞いたことがあります。

1938（昭和13）年に「国家総動員法」、翌年に「従業者雇入制限令」が定められ、次の年には「従業者移動防止令」が制定され、国の許可なしに転職ができなくなり、それと並行して国が企業の賃金を決めるようになっていったとされています。

畑中　民俗学者の視点から見ますと、近代以前の「働く人」たちのありようは、「家族的経営」という呼び名で観念化された後のようには固定化されたものではありませんでした。例えば丁稚奉公は、ずっと一箇所で働いていたようなイメージがありますが、奉公先をよく変える丁稚もいたんです。優秀な丁稚は、ヘッドハンティングのようなかたちで別の職場から声がかかって、引き抜かれていくことがままあったというんですね。

ここは前回、宮本常一の『忘れられた日本人』の「女の世間」について語った「複数の世間」という話と重なるところでして、いろんな世間を見て、いろんな仕事を経験した人間ほど優秀、という見方がありました。これは終身雇用の真逆なんです。

若林　いまのお話について別の見方をすると、現代の「会社に縛られ決められた給料のなかで身動きできない私」は、商人や職人ではなく、むしろ武士＝公務員の経済生

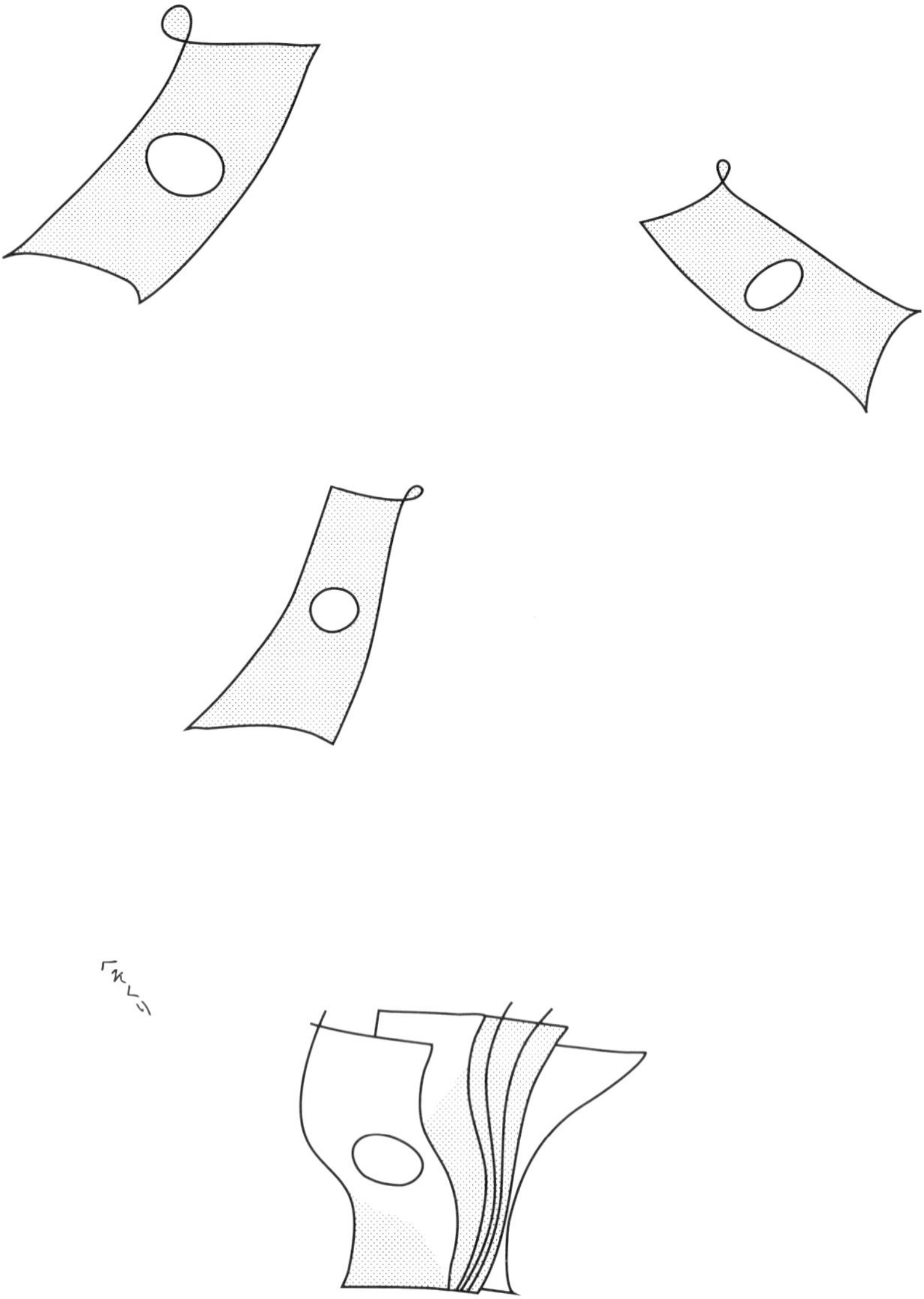
「れくり

活とシンクロしそうで、サラリーマンが「宮仕え」という言い方で自虐化するのは、その意味では、的を射ているとも言えますね。

山下　会社員は「武士＝公務員」のアナロジーで自分を規定している、ということですよね。とすれば、給与は仕事に対する報酬ではなく、あくまで家に対して払われる「俸禄」になりますが、そう言われると、たしかにしっくりくるところがありますね。

畑中　「私財」というものについて補足的なことを言いますと、かつての日本では財産が個人ではなく「家」に帰属していたというのはまさにそうでして、実際、日本の「家」において当主は自分の財産をもっていないんです。農村の場合ですと、前回も少しお話しした通り、蚕の繭を売りに行くなどして市場経済に近いところにいたのはむしろ女性でしたから、日本の民俗社会における私有財産の発祥は、女性の「へそくり」だったといわれています。

それどころか「ワタクシ」の語源は「ヘソクリ」だったんですね。民俗用語辞書（『綜合日本民俗語彙』1955-56）によると、「ワタクシ」は女性に認められた最小限度の財産を指すとされています。例えば沖縄では「ワタクサー」、沖永良部島では「ワタグシ」と言ったそうで、女性が所有する金銭、不動産、牛、羊なんかがそこには含まれる。それはどこかに隠しておくもので、親や夫には内緒にされています。

若林　面白いです。これは次回女性の働き方について語る際にも話題になるかもしれませんが、私有財産という観点から見ると、日本における資本主義は、あるいは女性中心のものとして発生し得たと考えるのは、ちょっと痛快な感じもします。デヴィッド・グレーバーの『民主主義の非西洋起源について：「あいだ」の空間の民主主義』に倣って、「資本主義の非西洋的起源」のようなことを考えることができるのかもしれません。

山下　ヴェーバーは、儒教や道教、ヒンドゥー教、仏教などを広範に調査し、それぞれの宗教文化における経済観念を調べていたといいますから、『プロ倫』においても、ヴェーバーは20世紀初頭において、すでにユニバーサルな世界倫理となっていた「資本主義の精神」を相対化したかったのだろうと改めて読んで感じました。実際ヴェーバーは、この資本主義の精神が行き着く先に待っているのは「鋼鉄の〈檻〉」で、その鉄の檻に人は囚われ続けることになると書いています。そうした段階に至った人間

『民主主義の非西洋起源について：「あいだ」の空間の民主主義』以文社より片岡大右の訳で2020年に刊行された本書は、2007年にAK Pressから刊行されたエッセイ集"Possibilities: Essays on Hierarchy, Rebellion, and Desire"に収録された一章を取り出して書籍化したもの。原題は、"There Never Was a West: Or, Democracy Emerges From the Spaces In Between"で、訳すなら「西なんて存在しない、あるいは民主主義はあいだの空間から生まれ出る」とでもなろうか。

を、彼はニーチェのことばを引いて「末人」と呼んでいます。それはこんな姿をしています。

> 精神のない専門家、魂のない享楽的な人間。この無にひとしい人は、自分が人間性のかつてない最高の段階に到達したのだと、自惚れるだろう。

若林　手厳しいですよね。これを読んで私は、破綻した仮想通貨取引所FTXの元CEOで、バハマまで逃げて捕まったサム・バンクマン＝フリードを思い出してしまいましたが、あるいはこれを読んでイーロン・マスクあたりを思い浮かべる人も多いのかもしれません。

サム・バンクマン＝フリード　仮想通貨取引所「FTX」のCEOとして瞬く間にスター起業家となったが、FTXの金融破綻によって一転犯罪者に。FTXをめぐる事件は「全米最大の金融詐欺」として報じられたが、その顛末は、大御所ノンフィクション作家、マイケル・ルイスの『1兆円を盗んだ男：仮想通貨帝国FTXの崩壊』（日経BP、2024年）に詳しい。近年注目を集める「効果的利他主義／長期主義」の信奉者であり、儲けたお金を野放図に寄付してしまっていたことから、逆にウォールストリートの守銭奴たちからは気味悪がられていた。合理主義の果てに生み出された新しいタイプの「末人」か。

「失敗」や「挫折」を語れ

Text by Akihiro Hatanaka

『論語と算盤』を書いた渋沢栄一の事業が、嫡孫である渋沢敬三に引き継がれたことはよく知られている。敬三は実業家として第一銀行の取締役を務めたほか、渋沢財閥の事業を継承する一方、宮本常一、早川孝太郎といった民俗学者の精神的・経済的支援者として学術領域にも寄与した。

1953（昭和28）年に敬三は、雑誌『財政経済弘報』に「受けうりばなし 二、三」という文章を発表しているが、その第3節は「失敗史は書けぬものか」と題されている。ここで敬三が披歴したのは、記録資料の蓄積において「失敗史」こそが重要だという考え方だった。

敬三は人から聞いた話として、終戦後間もない頃、日本政府が青函連絡船の汽船不足に悩み、「リバティ船」を借り入れて運航したときのエピソードを語る。リバティ船は第二次世界大戦中、アメリカ政府が制定した緊急造船計画によって大量に建造された規格型輸送船である。この輸送船は、早急な需要に応じるために造られたためか、舵の効き方をはじめ、運航上で各種の奇妙な〝癖〟をもっていた。そこで船を引き取る際には、その〝癖〟を羅列・指摘したもの、またそれに対処する方法を記した帳面（メモ）が渡されたという。この〝虎の巻〟があったおかげで、借り入れたリバティ船はただちに運航されたというのだ。またダムや建設物の工事について、人間が陥り易い不注意や誤謬を繰り返させないための指針として、大部の書物が公刊されていたこともあった。第二次世界大戦中には、イギリスの首相ウィンストン・チャーチルが、戦艦プリンス・オブ・ウェールズと、巡洋戦艦レパルスが撃沈された翌々日に、その事実を議会で披露したこともあったという。

「先の汽船のメモや工事欠点の白書は、正に失敗史を天下に公表したものである。翻って我が国の過去の歴史的記録労作を顧みると、殆ど全てが自慢史ばかりである。銀行・会社の何十年史、学校や各種団体、市町村の事ある時に出された歴史、ひいて我が国の歴史に至るまで、まず成功づくめの自慢史ではなかったか。」（渋沢敬三「受けうりばなし 二、三」）

敬三は、企業や組織の「社史」の類が失敗にふれないこと、そのため底の浅いものになってしまう傾向を批判しているのだ。「失敗」や「挫折」からこそ学びうることが多いのではないか。こうした問題意識の持ちように、祖父栄一とは異なる敬三ならでは傍流の思想がよく現れているように思えるのである。

第3回

家と会社と女と男

女工から始まる

山下　今回、イベント当日を迎えるまでにいくつか批判的な反応をいただきましたね。

若林　今回は会社における男女の違いといった話から、会社と家庭の位相に関する話になりますので、それを男3人で語るのはいかがなものかという批判で、ご批判の通り、それではまったく不十分なのは間違いないのですが、職場にいまなお残る性差の問題や、会社や家庭の関係性がどんな経緯で形づくられていったのかは男性の生き方に深く関わる話でもありますので、そんな観点ももちながら、手探りにはなりますが考えてみたいと思っています。

畑中　難しいお題ですが、やれるだけやってみましょう。

若林　話のとっかかりとして、相も変わらず素人ながら少しばかり調べてきたことを

【脚註および余談】
Text by Kei Wakabayashi

『大正期の職業婦人』　本書は、現在も女性史・女性論の書籍を多数刊行するドメス出版より、1983年に刊行された。著者の村上信彦は、大衆作家・村上浪六の三男で、戦後に多数の女性論を著し、柳田国男の女性観を批判した『高群逸枝と柳田国男』（大和書房、1977年）で毎日出版文化賞を受賞した。1969〜72年にかけて刊行された大著『明治女性史』の続編にあたる、『大正女性史』下巻の刊行を見ぬまま村上は逝去し、『大正期の職業婦人』が生前最後の著書となった。明治期の名もなき女性たちの知られざる功績を多数拾い上げた『明治女性史』の大正編が未完となってしまったのは惜しい。

『婦人之友』　日本の女性ジャ

お話しできたらと思います。今回私が手に取った資料のなかに、村上信彦『大正期の職業婦人』という本があります。著者は在野の研究者といいますか、ジャーナリスティックな手つきで女性をめぐる問題を追いかけていた評論家でして、そんな村上先生が、「職業婦人」というもののあり方の成り立ちについて書いています。

村上先生は、1913（大正2）年に雑誌『婦人之友』で特集された、「新しくできた婦人の職業」のリストを列挙しています。ざっと並べてみると、タイピスト、婦人速記者、婦人歯科医、女子薬剤師、女子事務員及び簿記係、電話交換手、女子電信係、為替貯金局の判任官、小学校教員及び音楽教師、女医、産婆、鉄道院の事務員、女髪結、女料理人、仕立屋（裁縫塾）、中等学校教員、幼稚園の保母、自動車運転手、モデル、製糸教婦、印刷局女工、専売局女工、砲兵工廠女工……。

畑中　大正時代にこうした職業婦人が登場するまでには、おそらく前段があると思いますので、少し説明させてください。

近代史において会社における女性の存在を考える上では、まず工場を会社に含めるかどうかという観点がありますが、仮に含めるとすると、近代の女性は、まず「工女」として工場で働き出すということが、まず明治時代に起こります。宮本常一の『女の

ーナリストの草分けともされる羽仁（旧姓・松岡）もと子と、夫の羽仁吉一によって1903年に創刊された、衣・食・住・家計にまつわる生活技術情報誌。創刊時は『家庭之友』の名称だったが、1908年に改題された。羽仁夫妻はともに報知新聞勤務を経て独立。もと子は、校正者としてキャリアをスタートさせたが、自発的に書いた記事を認められて記者となった。創刊翌年の1904年に『家計簿』を創刊し、いわゆる「家計簿」の考案者としても、歴史に名を残した。

『女の民俗誌』　歴史のなかに埋もれた女性の姿を、宮本常一の膨大な著作・遺稿のなかに求め、2001年に一冊にまとめられた岩波現代文庫収録のアンソロジー。「信仰と伝承」「女の民俗誌」「女の物語」の3部構成となっており、婚姻・相続・奉公・海女・女工・行商といったテーマごとの民俗誌が綴られる第2部が本丸だが、語り部としての

民俗誌』のなかに、こんな一節があります。「私のまだ幼かったころ、時折祖父からきかされたことがある。『いまの工女（私の祖父は女工とはいわなかった）は貧乏な家の子がなるものだが、昔はさむらいの娘がなったものである。』」。

これは渋沢栄一が設立に関わった官営富岡製糸場をめぐる話ですが、1925（大正14）年には細井和喜蔵によるルポルタージュ『女工哀史』が刊行されています。また、1968（昭和43）年に山本茂実が書いた『あゝ野麦峠』は「ある製糸工女哀史」という副題ですが、こちらは明治後半のことが中心に書かれている本でして、これらから「工女／女工」という呼称の時代性がうかがえます。つまり、女性と会社との関わりはまず、「工女／女工」として始まるわけですね。それを転換点として、その後大正期に入って以降、「職業婦人」ということばが出てくることになります。

山下　いまの畑中さんのお話を踏まえて先の「職業婦人」のリストを見ると、製糸工場における工員の指導や管理にあたる「製糸教婦」は挙げられていますし、それ以外にも「印刷局女工」や「砲兵工廠女工」などが触れられていますが、いわゆる繊維関連の工場における「女工」は入っていないですね。

宮本の手腕が冴え渡る第3部（「飛島の女」「阿蘇の女」「母の思い出」「母の記」）も必読。

『女工哀史』　紡績工場の過酷な労働実態を描いたルポルタージュは、1924年に雑誌『改造』に掲載され、翌年改造社から単行本として刊行された。著者の細井和喜蔵は、15歳より大阪の紡績工場で働き始め、1920年に上京した後も紡績工場に勤めた。こうした自身の体験だけでなく、労働運動の活動家でもあった妻・堀としをの体験を通して、女性労働者たちのリアルな実態に迫ることができた。堀はその意味では「共作者」でもあった。細井は『女工哀史』刊行直後に急死するが、事実婚であったため堀は著作権を引き継ぐことができなかった。堀の自伝『わたしの「女工哀史」』は2015年に岩波文庫に収録され、文庫版解説を寄せた文芸評論家の斎藤美奈子は、『細井和喜蔵の妻』という冠を外しても、本書がひとりの

若林　村上先生が論じるところの「近代的職業の条件」というものが、必ずしも当時言われていたことなのかどうかはわからないのですが、いずれにしても村上先生の整理をもとに「近代的職業の条件」をまとめ直してみると、次のようになります。

1　当事者が自己の意志でその職業についている
2　自由意志をもち、転業も廃業も自由である
3　勤務時間の内／外に象徴される、公私の別がはっきりしている

山下　なるほど。こうした「近代的職業の条件」によって区分けされる職業のなかに、繊維関連の工場で働いている女工さんたちは当てはまらなかったということですね。

畑中　このことには、都市労働といいますか、「都市から都市に働きに出ている人」がかなり増えてきたことが背景としてありそうです。工女／女工たちは地方から地方へ、という移動でしたが、「職業婦人」の人たちは都市のなかで、あるいは都市から都市へと勤めに出るようになったんですね。

女性の傑出した一代記である点」を高く評価している。

『あゝ野麦峠』　明治〜大正期の諏訪・岡谷の製糸工場を舞台にした山本茂実によるノンフィクション文学作品。朝日新聞社から1968年に初版が刊行された。工場労働の過酷さに焦点が当たりがちだが、「貧しい者は工女になれなかった」「実際の労働は実家の農作業のほうがきつかった」といった証言も拾われており、工場労働の複雑な実態がうかがえる。1973年にはポプラ社より絵本版『野麦峠をこえて』が刊行され作画を彫刻家の佐藤忠良が担当したほか、1979年には大竹しのぶ、原田美枝子、古手川祐子等のキャストで映画化された。本書で調べきれなかったエピソードを新たに語り直した続編『続あゝ野麦峠』も1980年に角川書店から刊行されている。

山下　寄宿舎や寮に入るというよりも、自宅からの通勤ということですよね。

畑中　補足しておくと、繊維産業と一言でいっても、製糸と紡績では工場のありように違いがあります。製糸工場は、例えば長野県諏訪湖のほとりの岡谷のような地方にあって、寮制になっており、さまざまな土地から女性たちが出稼ぎにやってきます。『あゝ野麦峠』は、飛騨のほうから野麦峠を越えて、まさに岡谷の製糸工場へやってきた工女たちが過酷な労働を強いられる話です。ただ工場によって、あるいは工女の出自によって、過酷さにも差があったことが語られています。一方で紡績になると、これまた渋沢らが出資した大阪紡績会社が象徴的ですが、基本的に都市型の工場です。

若林　村上先生は和田英の『富岡日記』についても書いていますが、それを読む限りでは、富岡製糸場でもそこまでひどい搾取は行われていなかったとされていますね。

畑中　官営の富岡製糸場はその後につくられる工場の模範になることが念頭にありましたので、それこそ和田英のような士族の娘が働いていて、待遇もよかったといいます。元武士である士族の、基本的には手塩にかけて育てられた女性たちが、ちゃんと

製糸と紡績　「製糸」は絹糸づくりの工程を指し、蚕の繭をほどいて細い糸を引き出し、それを数本まとめてよって太い糸にすることを意味する。一方の「紡績」は、絹以外の綿や羊毛などの短くて細い繊維（毛）をより合わせながら長い糸にする工程を表す。

大阪紡績会社　東洋紡の前身となる大阪紡績会社は、渋沢栄一によって計画され、１８８２年に会社設立、１８８３年に操業が始まった。最初に工場が建てられたのは大正区三軒家村だった。それまで明治政府が支援してきた紡績産業の振興が思うように進まなかったことを課題に感じた渋沢は、ロンドン留学中だった山辺丈夫に紡績の技術・経営を学ぶよう依頼し、山辺はマンチェスターの工場で働きながら紡績業を学んで、帰国後大阪紡績会社の支配人を務めた。その後、大阪は当時の国内の生産シェアの４割を誇る産業の集積地となり「東洋のマンチェスター」とも呼ばれた。ちなみに、ミズノ、アシックス、デサントと

清潔な環境で働くのが製糸工場なのだ、という模範をつくろうとしたわけです。紡績も含めて、それを民間に真似させようとしたのですが、それが民間レベルにおりた途端に、まさに渋沢栄一が『論語と算盤』で嘆いた通り、野放図な弱肉強食の世界になり、紡績工場においては『女工哀史』のような事態に陥ってしまったわけです。

若林　その契機となったのが「大阪紡績会社」という会社だと、村上先生は書いています。

> 紡績女工もはじめからのちにみるような悲惨な状態に陥っていたのではなかった。（中略）雇用関係は自由契約で、前借金も年季契約もなく、転廃業も自由であった。（中略）ところが明治十六年に設立した大阪紡績会社が深夜業を採用することによってこの状況は一変してしまった。

具体的に言えば、それまでは12時間操業だったのが、24時間操業になります。操業時間を倍にすれば生産性が倍になりますので。

いったスポーツメーカーが関西で発展した背景には紡績産業の隆盛がもたらした土壌があったのではないかと日本経済新聞は分析している。さらに余談だが、大阪紡績会社に先んじて東京の千住に建てられた紡績工場「千住製絨所」は、のちに陸軍省管轄となり軍服を製造する役割を担った。戦後の１９６０年に操業停止し、跡地が映画会社の大映に買収され、プロ野球球団大毎オリオンズの本拠地「東京スタジアム」が建設されたが、１９７２年に閉鎖された。

富岡日記　日本初の官営製糸場・富岡製糸場で伝習工女として働き、後に日本初の民営器械化製糸場（六工社）の指導員となった武家の娘・和田英による日記。和田英は１８５７年に松代藩士の娘に生まれ、16歳で工場勤めを始めた。本書は、１９０７年から13年にかけて、当時を振り返る形で書かれ、手記として残された。本書を２０１１年に刊行したみすず書房のウェブサイトによれば、

畑中　いかにも大阪的発想です（苦笑）。

若林　さらに村上先生はこう書きます。これを「鐘淵紡、東京紡、平野紡、摂津紡、尾張紡、尼崎紡など、次々に採用するものが続出して」いく。しかも、自宅から通いで働きに来ていた人たちは夜間の労働をしたがらないので、通勤工員を寄宿工員に切り替えていったそうです。その結果、工員が地方から動員されるようになっていったと説明しています。

山下　過重労働というか、奴隷的労働のひとつの原点が見えます。当時の紡績工場では、労働時間を把握させないように、工員たちの時計の所持を認めなかったなんていう話も聞きますね。

若林　すごいですよね。加えて、村上先生によれば明治初期から、女性の仕事を国家主導で「職業化」する動きが進んでいたそうなんです。例として挙げられているのが、産婆の国家資格化と、女性教員の養成です。前者においては人口政策が、後者においては1872（明治5）年の学制公布に伴う教員養成の必要性という背景があったそ

六工社に長らく保存されていた手記は、1927年に公表され、1931年に『富岡日記』の表題で古今書院から刊行された。全国的に知られるようになったのは『富岡日記：富岡入場略記・六工社創立記』（東京法令出版、1965年）の出版がきっかけで、『現代日本記録全集10 日本の女性』（筑摩書房、1968年）、『日本庶民生活資料集成 第12巻』（三一書房、1971年）に収録されたほか、1976年に上条宏之監修の『定本 富岡日記』（創樹社）、1978年には中公文庫版が刊行された。2011年にはみすず書房版、2014年にはちくま文庫版も刊行された。

24時間操業　工員を2交代制とし、24時間操業体制を敷いたことで、大阪紡績会社は操業当初から大きな利益を生んだとされるが、労務管理の技術も理念も未整備だったことから、児童労働、深夜労働が無制限に行われ、女工が大半を占める紡績業においては男

うですが、当時、女性を働かせるということに関しては、かなり強く経済的なインセンティブが働いていたことが、次のように指摘されています。

日本政府がもっとも心を動かされたのは、男教師二人の給料で女教師三人を備えることだった。（中略）明治になって発生した女の職業には文明の発達に伴う国家的・社会的要求によるものが少なくないが、それ以上に大きな動機となったものは女の低賃金である。（中略）女の低賃金の基礎は実に家制度下の女の無償労働にあった。これが企業にとって絶大の魅力だったことは当然だろう。（中略）男の賃金は少くともその人間の最低生活費は保証しなければならないが、女は家にあって家長に扶養されているという建前のもとに、その必要がないとされたからである。賃金は女の自活のためでなく、家計補助で足りる。したがって、あえて言うならば、いくらでもよかった。

山下　身も蓋もないとはこのことですが、ここで、国家経済と家庭における女性の役割とがリンクしてくることになるんですね。

女賃金格差の不均衡といった問題も起きていた。こうした事態に対応すべく農商務省が実態調査を行った１９０３年の報告書『職工事情』は１９９８年に岩波文庫に収録された。政府および議会は工場制度の近代化を求めて職工法／工場法の整備に取り組んだが財界の反対から多くが廃案になり、正式に工場法が定められたのは１９１１年だった（ただし、女工の深夜労働禁止は15年間据え置かれた）。改正工場法が成立し、紡績業において12歳未満の児童の雇用、女子の深夜労働が禁止されるには１９２９年（『女工哀史』初出の5年後）まで待たねばならなかった。

若林　時系列としては後のことになりますが、村上先生が指摘する「女は家にあって家長に扶養されているという建前」は１８９８（明治31）年に民法が施行され、「家制度」が規定されたことで、制度的に固定化されます。つまり、女性から戸主権が奪われるとともに、例えば女性がそれまでもっていた財産権もまた奪われることになったわけです。

畑中　前回の最後で、日本の民俗社会における私有財産の発祥は女性の「へそくり」だったという話をしました。その時にはお話しできなかったのですが、歴史学者・網野善彦さんの隠れた名著『女性の社会的地位再考』によれば、10世紀後半の尾張国郡司百姓等解を見ると、男女役割分担といっても、男性は鋤《すき》をふるって農業に従事し、女性は養蚕に取り組むというような区別の仕方であったそうなんです。その上で江戸時代の明細帳を見ると、女性が繭や糸を売っていることがわかります。網野さんは、このように書いています。

家制度　１８９８年の民法において規定された家族をめぐる制度で、「家」を単位としてひとつの戸籍をつくり、戸主である家長がそこに所属する家族全員を統率し、家で一番年長の男性が戸主（家長）となることを定めた。戸主は家族全員を扶養する義務を負うが、家族に対する支配権は絶大で、家族が結婚したり、働きに出たりするためには戸主の許可を必要とした。妻は、この制度内では「無能力者」（現行法では「制限行為能力者」）とされ、責任能力が制限された。戸主に無断で働くことのほか、土地売買や借金の契約、相続の承認や放棄、訴訟を起こすといったことができなかったが、未婚の成人女性はこの「無能力者」には該当しなかった。２０２４年に人気を博したＮＨＫ連続テレビ小説

近世以前の女性はこの分野、繊維製品については最初から、製品をつくって市庭に持っていって、商人に売るまで全部自分でやっていることになります。つまり、完全に生産物を自己管理していたのです。しかも、市庭で物を売るためには相場を見なければなりません。十三世紀後半になると、市庭の商品にはみな相場（和市《わし》）が立っています。

時代が降り、近世に至って税として米がもっていかれるようになっても、実際に家族が食べていくためのお金は女性たちが稼いでいた。かつ、相場をにらみながら女性がやりくりしているから、繭や糸をいくらで売っているか男性はあずかり知らない、といったことも起きていたといいます。そう考えると、私有財産の発祥が女性の「へそくり」だったというのもうなずけるわけですが、明治民法によって、これらの「財産」が女性の手から離れてしまうことになるんですね。

若林　明治民法では、基本的に男性が戸主となり、家の財産は戸主のものとされたということですので、先に見た「男には家庭を養える分の給料は払うけれど、女性には

『虎に翼』にも、この「無能力者」の語が登場し、話題となった。

『女性の社会的地位再考』 歴史学者・網野善彦が１９９９年に神奈川大学評論ブックレットの一冊として御茶の水書房より刊行した隠れた名著。江戸時代以前の女性が、いかに生産者として寄与し、男性と同等以上の役割を果たしていたかを主に養蚕業を通じて解き明かす一方で、稲作を中心とした歴史観・経済観が、女性が担った経済や労働を、いかにないがしろにしてきたかをも痛烈に暴く。

それを払う必要がない」という考え方を、この制度が後押ししてしまったと言えそうです。その結果、企業は給与というかたちで男性の家庭は保障するけれど、女性は戸主でもなく自宅から通勤しているだけだから、家計補助ぐらいでいいだろう、という考えが当たり前のものとして、その後も長くまかり通ってしまうことになったように感じます。

山下　その思考はいまもってなお影響力がありそうですから、根深い問題ですね。

畑中　１９８６（昭和61）年施行の男女雇用機会均等法から、２０１８（平成30）年の働き方改革関連法の成立に伴って導入された「同一労働同一賃金」に至るまで、建前としてはさまざまな変化がありますが、それが実現しているとは到底いえなさそうですしね。

若林　畑中さんが冒頭でおっしゃったように、政府の後押しもあって都市型の「近代的職業」へと女性たちが動員されていったわけですが、そこにはいわゆる「女工」の困難とは異なる、新たな困難が待っていたと村上先生の本は明かしています。という

家計補助　本題とは関係ないが、会社が支給する「通勤手当」、具体的には「通勤定期」という家計補助制度は世界に類例を見ないものだという。そもそも定期乗車券はイギリスで最初に発明されたというが、都市の外縁地域を拡張開発するために鉄道会社が考案したものだったという。日本でも同様に、会社が定期券を支給することで、ワーカーが遠隔地に暮らすインセンティブがもたらされ「通勤圏」の拡大が起きたが、このことによって「夫が仕事、妻が家事」に専念する「家庭内分業」が加速したと独立行政法人経済産業研究所のフェロー・小滝一彦は分析する。また、家と職場の間にあって途中下車が可能なターミナル駅が商圏として肥大化し、職・住だけでなく「商」が不自然に分離した都市構造もまた「定期券」がもたらしたものだと小滝は語る。通勤手当を鉄道会社、企業、国家財政が負担していることも鑑みればなおさら、通勤定期・手当は廃止すべきではないかと小滝は問題提起する。

のも、女性がそうやって社会進出を果たした瞬間から、電車のなかで痴漢の被害に遭うようになったそうです。

山下　近代化とともに痴漢が現れると。なんともはやですね。

若林　村上先生の解説によると、痴漢の登場には、男性の側による「職業婦人＝不良」という偏見が強く作用していたそうです。村上先生による当時の男性心理の分析には、生々しいリアリティを感じます。

> 男たちは職業婦人を社会的に賤しめながら、個人的には特別の関心をもっている。ということは、働く女は貧しい賤しい階級の人間だという観念をもちながら、一方では〈新しい女〉に好奇心を抱いていることである。それは彼等のつねに女を性的対象として見ずにはいられない感覚、職業をもつ女という新鮮な果実を味わってみたい願望、しかもこうした〈貧しい女〉には多少のいたずらは許されるという無責任な考え方と結びついている。

痴漢　「痴漢」の語は元々は「しれもの」「ばかもの」とも読まれ意味内容も同じだったが、1900年前後から性的な意味が付与され、さらに最初は「見知った男性」を指すことばだったものが、次第に「見知らぬ男性」を指すようになっていき、その過程で「ちかん」の読み方も定着したと、大阪大学日本語日本文化教育センター教授の岩井茂樹の2014年の論文『「痴漢」の文化史』は伝える。痴漢は1900年代初頭から現在まで女性を苛んできた問題だが、現在もその法的定義は曖昧で、痴漢を取り締まる根拠はいまも「不同意わいせつ罪」か各自治体の「迷惑防止条例」だ。100年以上も続く社会問題でありながらも長らく正面から論じられてこなかった「痴漢」に斬り込んだ本としては、2019年にエトセトラブックスから刊行された、牧野雅子著『痴漢とはなにか：被害と冤罪をめぐる社会学』がある。牧野は本書で、痴漢の問題系を整理するとともに、メディアがいかに痴漢を文化・エンタメとして消

山下　「働く女性はきっと貧しい女性に違いない」という偏見と、職業婦人という新しい存在自体への興味から、「職業婦人＝不良」というレッテルが貼られたということですよね。この「職業婦人＝不良」という観念をめぐって女性の側から描いた本に、平山亜佐子さんの『明治・大正・昭和　不良少女伝：莫連女《ばくれんおんな》と少女ギャング団』があります。1915年ぐらいから和文タイプライターが普及し、オフィスで働く大人数のタイピストが必要になったという状況のなかで、1923（大正12）年に丸ビルが竣工し、そこで女性の不良集団「ハート団」が起こした「ハート団事件」というものを、本書は取り上げているのですが、とても興味深い内容です。

畑中　ハート団、いい名前ですね。

山下　そのハート団を統率していたのが、「ジャンダークのおきみ」という人物だったそうです。

若林　Netflixでドラマ化してほしいです。

費してきたかを暴き、その歪なバイアスを白日の下に晒した。

『明治・大正・昭和　不良少女伝：莫連女と少女ギャング団』　著者の平山亜佐子は戦前文化の調査を得意とする文筆家・挿話収集家。2009年に河出書房新社より刊行され、現在ちくま文庫収録の本書をはじめ、『戦前尖端語辞典』（編著、左右社、2021年）、『問題の女：本荘幽蘭伝』（平凡社、2021年）、『明治大正昭和化け込み婦人記者奮闘記』（左右社、2023年）など一見して面白そうな本を連発。本書の宣伝文句は以下。「すれっからしのバッド・ガールたちの数々の伝説が今ここに！　銀杏返し組は堕落書生を成敗し、丸ビルハート団は春をひさぐ……ジャンダークのおきみが、ガルボのお政が、魔都・東京を跋扈する！　当時の新聞記事を具（つぶさ）に調査した、他では決して読むことのできない、自由を追い求めた近代少女（モダンガール）たちの軌跡」。ちなみに「莫連」とは、「すれて

女と男

山下　丸ビルに勤めていた「ジャンダークのおきみ」は、丸ビル一の美人と謳われた女性で、かつ稀代の悪女として報道されていたようです。そもそも当時「丸ビル美人」ということばが流行語になって、どこそこのオフィスのタイピストの誰々さんが美人だとか、ショップガールと呼ばれた店舗で働く女性が綺麗だとか、新聞でも特集が組まれるほど騒がれたそうなんです。見た目によって相当な賃金差もあったといわれています。

畑中　「看板娘」というイメージですよね。

山下　当時丸ビルにオフィスを構えていた企業も、機能的な理由から構えていたというよりは、そこにオフィスを構えていること自体に広告的効果がある、という考え方だったようですが、そんな丸ビルでハート団の女性たちが、男性たちをたぶらかして金品をせしめていたというのが、「ハート団事件」のあらましです。

　当時の女性の月給が男性の半分以下だったといった背景もあるようですが、残されているまことしやかな報告として、丸ビルの落とし物のなかに、毎月５００個ものコンドームがあったそうで、しかも繁忙期になればなるほどその数が増えたとあります。ハート団の根城は丸ビルの某喫茶店と、本郷にもう１箇所あったそうですが、要はい

いてずるがしこいこと。また、そのような女性。あばずれ。すれっからし」の意。

ジャンダークのおきみ　本名は林きみ子。林は淀橋角筈の靴屋に生まれた娘で、武田女学校から邦文タイピスト養成所（日本邦文タイプライター株式会社の付属養成所）を経て、丸ビルにあった東亜貿易商会に勤めていたとされる。当初から丸ビル一の美人との噂でもちきりだったが、新たにタイピスト養成所を卒業した女性を「ハート団」に引き込み、秘密裏に売春・恐喝をさせていたとされ、１９２４年12月９日逮捕された。逮捕されたときの年齢は不明だが、19歳か22歳だったとされる。

コンドーム　ハート団が世間を騒がせていた当時は「雨外套」と呼ばれていたという。

『戀の丸ビル』　カネー社より１９２５年に刊行された田村紫峰による、丸の内ＯＬの生態記。目次には「帝都の迷宮か伏魔殿か」「斷髪洋裝の淫魔

までいう「東大生」を狙っていたからということのようです。「ジャンダークのおきみ」については、詳述している当時の書籍、田村紫峰著『戀の丸ビル』が国会図書館デジタルコレクションで閲覧できますので、興味のある方はぜひご覧になってみてください。ちなみに1929年頃、高群逸枝もハート団事件に触れています。

畑中　高群逸枝は、追って触れることになる平塚らいてうとも行動をともにした人物で、『母系制の研究』といった女性史研究で知られています。

山下　はい。その高群が、美女によるハート団事件を受けて「男女平等な社会は醜女から美女の勝利へ」移っていくという議論を展開しています。それまでは、学力を磨くことで地位や職を獲得していくのは容姿があまりよくない人の領域であったのが、「ジャンダークのおきみ」のような美女が出てきたことにより、それが変化していくだろうと高群は指摘します。

そうした変化によって今後男女平等な社会が生まれたあかつきには美女が勝利するであろう、と高群は予測するのですが、彼女はその状況を礼賛しているのではなく、むしろ嘆いているんです。つまり、近代以降の職場領域におけるルッキズムの誕生と

蟒お照」「謎の妖婦ジヤンヌダーク」「奴隷化せる重役と女王さながらのタイピスト」「珍談一夜の連込代八百圓」「女事務員に童貞を破らる」「ふらふらと都へ上る女の堕落する徑路」などのタイトルが躍り、丸ビルがいかに倒錯した魔宮であったかをこれでもかと訴える。

高群逸枝　1894年熊本県に生まれ、若い頃より詩人として活動したのち上京。アナキズムと出会ったのを機に女性史の研究を始め、日本の「女性史学」のパイオニアとなる。4000もの資料を渉猟し書き上げたとされる『母系制の研究』（恒星社厚生閣、1938年／講談社文庫、1979年）、『招婿婚の研究』（大日本雄弁会講談社、1953年）が代表的な著書として知られるほか、2004年に岩波文庫に収録された『娘巡礼記』は紀行文学の傑作として名高い。高群にまつわる近刊では藤原書店より2022年に刊行された『高群逸枝1894-1964：女性史の開拓者のコスモロジー』（別冊『環』26）があり、石牟

Photo by Touring Club Italiano/Marka/Universal Images Group via Getty Images

百貨店で働く女性たち。1920-30年代。

して、ハート団事件を見ていたといえるかもしれません。

若林　これもまたなんとも身も蓋もない話ですね

母性保護論争のあらまし

山下　私が井上輝子さんの『日本のフェミニズム：150年の人と思想』という本で学んできたところによると、こうした状況を背景にして1911（明治44）年に平塚らいてうが創刊した『青鞜』を中心に、女性と仕事や国家との関係をめぐってさまざまな論争が起きていきます。そうしたなか1914（大正3）年には、女性のセクシュアリティ規範をめぐる「貞操論争」が起き、その流れのなかで1918（大正7）年に、かの有名な「母性保護論争」が起こります。

畑中　1918年から19年にかけて与謝野晶子・平塚らいてう・山川菊栄・山田わかによって『婦人公論』や『太陽』誌上で展開された論争ですね。

礼道子による評伝『最後の人：詩人 高群逸枝』も藤原書店より2012年に刊行されている。ハート団に関する記載は1929年に『婦人公論』に掲載された「世の醜男醜女に与う」より。

『日本のフェミニズム：150年の人と思想』　2021年に有斐閣から刊行された、日本の「女性学」の開拓者・井上輝子の遺著。2021年の井上の死に際して、社会学者の上野千鶴子は「井上輝子さんは女性学を日本に持ち込んだパイオニア中のパイオニアでした。井上さんがただの『学際的女性研究 interdisciplinary studies on women』にすぎなかった新しい研究分野を『女性学』と訳し、『女性の・女性による・女性のための学問』と定義なさったのは画期的でした。わたしはつねにこれを井上輝子による『創造的誤訳』と呼んできました」と追悼した。主著に『女性

山下　はい。これは、女性の経済的な自立と育児の相剋、そして性別役割分業の是非を問う論争でしたが、端緒となったのは、与謝野晶子が女性の徹底した自立を論じた文章でした。与謝野は、出産や育児に関して国を頼ってしまうと、それはむしろ女性の独立と自立を妨げてしまうと論じました。

畑中　国家の干渉をよしとしない立場ですね。国家に頼っていては女性の徹底した自立は図れないと。それに対して『青鞜』の平塚は、国家による女性の保護は当然だと反論しました。

山下　平塚は、子どもというのは国にとって大切な存在であるから、出産や育児を国家がサポートするのは当然だと考え、国による「母性」の「保護」を提案しました。この両者の議論がうまくかみ合っていなかったところに、山川菊栄が参戦してきます。

畑中　与謝野、平塚の議論を整理しつつ、双方を批判するような形で山川は論争に割って入っていきます。というのも社会主義者の山川は、資本主義が残っている限りは問題が解決しないという立場だからです。

学とその周辺』（勁草書房、1980年）、『女性学への招待』（有斐閣、1992年）とその改訂版の『新・女性学への招待』（有斐閣、2011年）がある。

貞操論争　詩人の生田花世と小説家の安田（原田）皐月の間で1914〜16年にかけて繰り広げられた論争で、生田が『反響』誌に掲載した「食べる事と貞操と」という文章のなかで、法が女に私財を認めない以上、「食べるために、自分一個の操のことは第二義的な要求である」と主張したことに端を発する。安田がこれに対し、「『自分一個の操の事』を考へないで何処に生活があるのだらう」と『青踏』誌上で反論したことで論争へと発展。途中から伊藤野枝、平塚らいてう、大杉栄も論戦に加わった。

山川菊栄　120頁の脚註を参照のこと。

山下　山川は、マルクス主義フェミニズムの観点から、結局資本主義の問題なのだと論じます。さらに『青鞜』の主要メンバーだった山田わかも参戦し、平塚以上に家制度を擁護し、性別役割分業を主張したりもしますが、今改めて振り返っても、にわかに誰が正解なのかを判断するのが難しい論争です。その意味で、ここで行われた議論は、現在から見ても、必ずしも古びたものではないように感じます。

若林　松村由利子さんの著書『ジャーナリスト与謝野晶子』は、この母性保護論争において、与謝野がどのような真意で論を展開したのかを分析していますが、与謝野晶子の面白いところは、母性の問題を父性の問題との関連において語っていたところだとしています。

　与謝野は、平塚の批判を受けて、半ば皮肉を込めて「寧ろ父性を保護せよ」という文章を発表していますが、そこで「男子はあまりに父性の責任を粗略にしています。（中略）また、そういう習慣に甘んじて、子女に対する親の責任を一手に引き受けている女子もまた甚だしい僭越を敢えてしていることを覚らなければなりません」と書いたとされています。つまり、著者の松村さんの読み解きによれば、平塚らいてうや山田

『ジャーナリスト与謝野晶子』　歌人でありながら、ジャーナリストとして『短歌を詠む科学者たち』（春秋社、2016年）、『少年少女のための文学全集があったころ』（人文書院、2016年）、『お嬢さん、空を飛ぶ：草創期の飛行機を巡る物語』（NTT出版、2013年）など、ユニークなノンフィクションを手がけてきた松村由利子が、短歌研究社から2022年に刊行した、異色の与謝野晶子伝。文学者ではなく、ひとりの「職業婦人」として与謝野を捉え、その労働観から稀代の歌人の社会観やジェンダー観に迫る好著。

「寧ろ父性を保護せよ」　与謝野晶子が母性保護論争のなかで執筆した論評で、1920年に刊行された論評集『女人創造』に所収。現代のフェミニズムの視点から与謝野晶子の文章を編み直した、もろさわようこ編集によるアンソロジー『新編 激動の中を行く：与謝野晶子女性論集』（新泉社、2021年）にも再録されてい

わかが、男性による労働や男性主体の家庭観を当然視したのに対し、与謝野はむしろ「男性の働き方についても目を向け」、「男性の育児参加を促し」ていたということになります。それを受けて、松村さんはこう結論します。

「寧ろ父性を保護せよ」から伝わってくるのは、晶子が「母性」はもちろん「父性」にもこだわっていないことだ。このタイトルは、「母性保護」を巡る論争に少々嫌気が差し、皮肉を込めて付けたものと思われるが、親であることは個々の男女にとって一つの属性でしかないと晶子は考えていた。

与謝野は「家」における男性・女性の役割を、平塚や山田よりもはるかに自由に考えていたということだとも言えそうですが、こうした価値観が何に由来しているのかという点について、松村さんは、与謝野が「商人の町・堺で生まれ育ったこと」が大きな影響を与えたと見ています。与謝野は老舗の和菓子屋に生まれ育ち、いわば商家のエートスとともに生きた人で、幼い頃から男女問わずに勤勉に働いていた人びとの姿を見ていたことが、彼女の家族観に大きな影響を与えたというわけです。

る。ちなみに平塚らいてうは、「治安警察法第五條の修正と花柳病男子の結婚制限」という文章のなかで以下のような主張を展開し、母性保護論争を経由して次第に優生思想へと傾斜していったと言われる。「人間が種族の奉仕といふことにもっと目醒めたならば、人間創造の大事業に従ほうとする結婚に際し、先づ健康診断を行はねばならないといふことはあまりに当然な義務ではないでせうか。そして真に善種学見地から言へば、花柳病のみならず、結核も、癩病も飲酒も癲癇其他の精神病も総て結婚を制限すべきものでなければならない」。平塚のこうした主張にやはり与謝野は「酒さへも絶対に禁じることに反対しておきます」と「婦人指導者への抗議」において反論した。平塚と優生思想の関係は、1980年代以降言及されることが多くなったとされるが、ここで論点となった「平等」の適用範囲をめぐる問題は現代においてもまだくすぶり続けている。

畑中　大阪の商人の感覚ですね。

家はそもそも企業体

若林　ちなみに与謝野晶子のこうした視点をめぐっていい補助線になりそうなのが、政治学者の中村敏子先生の『女性差別はどう作られてきたか』という本です。この本で中村先生は、近代以前の「家」と、明治民法でつくられた「家制度」の違いを強く強調されていますが、それを読み解く前に、この明治民法に基づく「家制度」がどういう内容であったかを、民法の専門家である加賀山茂先生の説明から、ざっと見ておきたいと思います。

・家は、戸主（家長）とその家族によって構成される（旧732条）
・家族は家長である戸主の命令・監督に服する。その反面、戸主は、家族を扶養する義務を負う（旧747条）。
・婚姻には、常に、家長である戸主の同意が必要とされた（旧750条）
・男は30歳、女は25歳になるまでは、父母の同意も必要であった（旧772条1項）

『女性差別はどう作られてきたか』　政治学者の中村敏子が2021年に集英社新書より刊行。西洋における「家父長制」の発展過程と、日本への導入過程を読み解くことで、日本社会に起きたねじれを鮮やかに解き明かした一冊。本書の概略を知るには、日経ビジネスが中村に行ったインタビューを一読するのがおすすめだ。「家制度」が明治民法によってつくられたことを知らなかったという取材者に、中村が「こうした歴史を認識することは、今の女性の問題を論じるための、基本中の基本です。これを知らないというのは『女性のことを考えたことがない』ということと同じこと。（略）知らないのは、単に不勉強だと思

・女は、婚姻によって無能力者となる。たとえ、女が婚姻前は成年として能力者であっても、妻となると、無能力者となってしまい、重要な法律行為をするには、常に夫の同意を得なければならない（旧14条〜18条）

・夫婦財産については、夫婦財産契約も認められていたが、ほとんど利用されず、法定夫婦財産制によって規律されていた。その規定によると、夫が妻の財産を管理する（旧801条）とともに、婚姻より生ずる一切の負担は夫が負担する（旧798条）

中村先生は、この法律によって定義された「家」とそれまでの「家」との大きな違いは、明治民法によって、「戸主」が「男性」という「生物的属性」を根拠とすることになったという点だとしています。逆に言えば、かつての「家」における「戸主」は、必ずしも性別を拠り所にした概念ではなかったということですが、中村先生は、そこで起きた転換をこんなふうに説明しています。

従来「戸主」は男性であっても、その「地位」にあることで「家」を代表すると考えられていたのが、「男性」という「生物的属性」を根拠とする権力という考え方

いますﾞ」と容赦なく叱咤するやり取りが面白い。

加賀山茂　民法、消費者法を専門とする法学者で、名古屋大学名誉教授。自らが主宰するウェブサイト「仮想法科大学院」にて論文・講義録などを発表。明治民法に関する概略は、2004年のエントリー「日本の家族と民法」からの引用に基づく。

に変化していくのです。

畑中　与謝野が育った商家＝「家」における男女観が、裏付けされる感じがありますね。中村先生は、近世には女性が財産を自由に使えたことや、女性が実家で蓄えた財産が嫁いだ先の家のものになってしまうといったことはなかったといった話もされていますね。

若林　そうなんです。その上で中村先生は、女性に対する社会的差別は、「従来の『家』の原理である『地位』にもとづく権限という考えが駆逐され、西洋から来た『男性』が『生物的属性』により権力を持つという思想が導入された」ことに由来すると説明しています。

つまり、男性という生物的属性が「戸主」の権力に紐づけられたのは明治民法以降のことで、それ以前はそうではなかったというわけです。さらに、ここで面白い指摘は、近代以前の「家」は、それ自体が「企業体」としてイメージされていたと語られているところです。

そもそも「家」は、夫婦とその子どもが核となる企業体でした。それゆえその根底には、血縁という生物的つながりと愛情があります。その上で各メンバーが役割という衣を着ることで、「家」は運営されていたのです。社会の流動化により「家」から男性の役割が流出し、女性の役割の衣がはがされることで、その根底にあった生物的つながりと愛情が、家族関係の構成原理として現れてくることになりました。

つまり「家」は役割の統合にもとづく企業体であることをやめ、生物的つながりと愛情をその組織原理とする「家族」へと変容していく、というのが中村先生の説明です。

山下　なるほど……家がそもそも「会社」だった、と。これは興味深い議論ですね。家という企業体のなかで、各メンバーそれぞれの役割をもって事業に参加していたということですね。

若林　はい。そうであればこそ、「家制度」以前の「家」における結婚は、「女房」という職分を果たす人のリクルーティングだと考えられ、「離婚」はいわば転職であっ

78回も離婚　政治学者の中村敏子は「78回離婚した女性」について、『女性差別はどう作られてきたか』でこう書いている。「高木氏によれば、当時は一度

て「キャリア」と見なされたと、中村先生は論を進めています。そして、その例証として江戸時代には実に78回も離婚した女性がいたという驚くような逸話を紹介しています。また、次回で触れることになるかと思いますが、日本近代史をご専門とする松沢裕作先生の『日本近代社会史：社会集団と市場から読み解く 1868-1914』では、本来、「家」というものは、「農家や中小商工業セクターのものである」とされ、そのありようが、このように説明されています。

> 社会集団は「家」経営体から構成される。近世社会の「家」とは、代々継承される家業と財産をもち、男性当主から次の世代の当主へと世代を超えて永続する組織である。男女の「家」構成員は「家」という経営体を労働の単位としていた。「家」経営体は生産・営業の単位であると同時に共同生活の単位であるという点で、職住分離の「家庭」型家族とは異なる。

これは必ずしも男女平等であったということを意味しませんが、「家」というものや、その構成員のありようは、私たちが「家」もしくは「家庭」と言ってイメージするものとはだいぶ異なっていることがわかります。

結婚した女性は『家』の職分に関する経験を積んだと評価され、離婚したことがマイナスに働くことはなかったといいます。そうであれば女性たちは簡単に離婚し、また再婚しました。高木氏の『三くだり半』には、江戸から明治にかけて78回結婚した女性の例が紹介されています！」。ここで言及されている「高木氏」とは法制史学者・高木侃を指す。高木は、1987年に平凡社選書より刊行された『三くだり半：江戸の離婚と女性たち』、1992年に講談社現代新書から刊行された『三くだり半と縁切寺：江戸の離婚を読みなおす』などで知られる「江戸の離婚」の第一人者。

『日本近代社会史：社会集団と市場から読み解く 1868-1914』 2022年に有斐閣より刊行された近世・近代日本社会史を専門とする松沢裕作による快著。村や町といった単位で構成されていた社会集団が明治以降の市場経済との関わりのなかで、いかに再編

また、柳谷慶子先生の『江戸のキャリアウーマン：奥女中の仕事・出世・老後』という本では、こうした経営体・企業体としての「家」における女性の「キャリア」が詳細に明かされています。ここでは、女性の仕事が、言うなればＣＦＯやＣＯＯとしての能力として評価されていたことが明かされていますが、おそらく与謝野晶子が幼少期に見た「家」の景色は、そんなふうに営まれた「家」だったんじゃないかという気がします。

山下　なるほど。「家」というもののイメージが根底から変わってしまうような話ですが、といって、一概に江戸時代はよかった、と言っていればいいというわけにもいきませんよね。

若林　これは中村先生も指摘されているところですが、日本の「家」や「会社」のややこしさは、こうした近世以来の「企業体としての家」というものに、西洋由来の「家父長制」を制度としてかぶせてしまったところにあると考えられそうです。

西洋由来の近代家父長制の考えに則って、生物学的な男性に戸主としての権限を一元的に寄せて、戸主が家の財産を一元的に私有すると言われても、それがなんだか実

成されていったかを解き明かす。農家から駆り出された女性たちが工場労働者・都市労働者と変容していく過程をつぶさに描いた、〈女工と繊維産業：「家」から工場へ〉〈職工と都市雑業層：「家」なき働き手と擬制的な「家」〉などの章は、ここまでの「女性労働者」の議論の背景にある歴史を鮮やかに概説してくれる。松沢が２０１８年に岩波ジュニア新書から刊行した『生きづらい明治社会：不安と競争の時代』も必読。

『江戸のキャリアウーマン：奥女中の仕事・出世・老後』吉川弘文館の歴史文化ライブラリーから２０２３年に刊行。「奥女中」と呼ばれた女性たちの知られざる仕事人生に迫るユニークな一冊。著者の柳谷慶子にはほかに、『近世の女性相続と介護』（吉川弘文館、２００７年）、『江戸時代の老いと看取り』（山川出版社、２０１１年）など、現代的なテーマを扱った注目すべき著作がある。

態とズレている感じがするのは、「亭主元気で留守がいい」のCMじゃないですが、いまでも多くの会社員が「うちの大蔵省」にお小遣いをもらう立場だったりするからです。つまり、近代家父長制を制度上は取ってきたはずなのに、どこかにずっと、それ以前の「企業体としての家」の建て付けが非公式に温存されたままになってしまっているような、どうにもいびつな構図を感じるんですね。

山下　たしかに。実際、国際社会調査プログラム（ＩＳＳＰ）が２０１２年に行った調査によると、日本は妻が家計を管理して夫に小遣いを渡す「手当（妻管理）型」が55・7％と、調査が行われた35カ国中トップだったという結果が出ています。もちろんそうだからと言って、日本の「妻」の地位が高いのかと言えば、もちろん一概にそんなことは言えませんが。

若林　言い換えるなら、「家」というものと「企業・会社」「仕事」「財産」といった経済に関わるものごとの位相が、制度と実態の間でズレているということなのかなと感じます。こうした混線は、案外「母性保護論争」の頃から変わっていないのではないかという気もしますし、母性の問題は男性の「働き方」に関わる問題だとした与謝

実態とズレている　批評家の大塚英志は「伝統」と「公共」と民俗学がどう向き合ったかを論じた『公民の民俗学』（作品社、２００７年）で、明治民法についてこう書いている。「そもそも近代以前の時点での社会生活の中で、『血統』や『家』という概念は絶対ではなかった。『家』の継承を重視した武家は、しかし人口でいったら総人口の数パーセントに過ぎず、しかもすでに言及した通り、養子という血筋にこだわらないさまざまな相続が武家にも庶民にも広く行なわれていた。そこに、いきなり『戸籍と血統』という、全く生活実態とそぐわない制度が導入されたのである」。

亭主元気で留守がいい　「金鳥」の商標名で知られる大日本除虫菊株式会社のＣＭのコピーから広がったフレーズで、１９８６年の流行語のひとつにも選出された。「留守がいい」と言われたせいなのか、家に寄りつかなくなった男たちに向かって、「24時間、戦えますか」と問うた三共（現・第一三共ヘルスケア）の

野晶子のまぜっかえしは、その意味でも、意味ある問いかけだったようにも感じます。中村先生は「性別分業と『男性が上』の考え方が広まったのは明治時代」というインタビュー記事のなかでも、その捻れの由来を簡潔に説明されていますので、ご興味ある方はぜひご覧ください。

山下　女性の給与は生活補助レベルでいいと企業が考えていたという話がありましたが、こうした企業の判断が、社会において「家庭」をどう位置づけるかということと分かち難く結びついているのだとすると根深い問題ですし、家庭というもののあり方が多様化し社会的なコンセンサスがますますつくりにくくなっていくなかで、会社もより繊細かつ深い配慮が求められるのも当然ですね。

畑中　言うまでもなく、そこにさらに国家の経済政策や労働政策、さらに家族をめぐる政策、子育てや教育政策までが関わってきますから、一朝一夕で解決するような話ではなさそうです。

若林　「会社」「家」「国家」をめぐる三体問題。これは難しいですね。

栄養ドリンク「リゲイン」のCMが放映されたのは1988年だった。ちなみに、プレジデントオンラインは、『『亭主元気で留守が良い』の科学的な根拠：夫が先に死んでも妻は変わらず元気』の表題で、村山洋史の『「つながり」と健康格差：なぜ夫と別れても妻は変わらず健康なのか』（ポプラ新書、2018年）の一部を再編集した記事を掲載している。

国際社会調査プログラムが2012年に行った調査　この調査は、「Family and Changing Gender Roles IV - ISSP 2012」と題されたもので、国際的調査団体ISSP（International Social Survey Programme）が実施した。収入や家事などを対等に分担する「対等夫婦」の比率において日本は、調査対象となった41カ国のなかで最下位。教育社会学者の舞田敏彦は、2020年のニューズウィーク日本版の記事で本調査を参照しながら、日本のランキング結果を「無様な位置」と評した。

女性とアトツギ

Text by Akihiro Hatanaka

女性民俗学者の草分けである瀬川清子は、『海女記』や『販女』などの著作で、民俗社会の女性たちが海産物を中心に、それらを収獲するだけではなく、市場に売りに行き、商品として値付けして、原初的かつ洗練された経済行為を行なって家計を支えてきたことをフィールドワークにより解き明かした。

また瀬川に負けず劣らず日本中を旅した宮本常一は日本の商家ではその経済的能力を評価するより、ただ家業（会社）を継承するためにだけ女性は重んじられたことを『生きていく民俗：生業の推移』（河出書房新社、1965年）に、記している。

上方ではとくに、女性が家業（会社）を継承するのが慣例化していたが、商家の跡継ぎが商売熱心であるとはかぎらなかった。そのため大阪の商家では家業を持続させていくには、娘によい婿を迎えて跡を継がせる方が安全だと考えた。そして、娘の婿に選ばれたのは、多くの場合、子飼いの手代・番頭だった。

「子飼の店員は河内や大和の者が多く、大和の者は働き者でとくに喜ばれ、手代・番頭になり、また婿になる者が多かったので大和婿といわれたものである。」（宮本常一『生きていく民俗：生業の推移』）

大阪船場の老舗昆布屋に生まれた山崎豊子の小説『女系家族』もそうした商家を舞台にしている。この小説の舞台は、代々家付き娘が婿養子をとる船場の木綿問屋で、養子婿が死んだことから巻き起こる、娘たちの壮絶な遺産相続争いが描かれている。

大阪ばかりでなく、東京にも同様な現象があり、老舗を守ることに日本の商家は力をつくした。娘に養子をもらって跡をとらせるより、男の子に跡をとらせる方を望んでいることがあったにもかかわらずにである。

家業、家職として代を重ねた都会の職業は、専業化し、分業化し、交換経済の基盤を固めた一方で、農村から若く新しい血とエネルギーを吸収して若返りを続けることで暖簾を守っていった。そうした基盤の上に都市の中小企業は伸びていった。

「外国文化の影響や大企業の刺戟があったにしても、経済統制が行なわれるまで、このような組織と慣習が都市を支え、発展させてきたのである。すなわち経済の二重構造といわれるものの下の方の構造は、この古い伝統を受け継いできているものである」。（宮本同前）

商家、企業、会社にとって跡継ぎ（アトツギ）問題は、このように古くて新しいものなのだ。

第4回

立身出世したいか

出世欲ある?

畑中 今回から第2シーズンと銘打っておりまして、第1シーズンとしてこれまで開催した3回とは、少しだけ方針を転換しています。まず、第2シーズンでは、あらかじめ課題図書をお知らせしています。「奉公・出世・起業」をテーマとした今回は、松沢裕作先生の『日本近代社会史：社会集団と市場から読み解く 1868-1914』と竹内洋先生の『立志・苦学・出世：受験生の社会史』を取り上げます。参加者の皆さんにも円を描くように座っていただいておりまして、意見交換もしながら進めていけたらと思っています。

若林 そして、登壇メンバーがひとり増えました。畑中さん、山下さん、私という第1シーズンの面々に加えて、山下さんと同じヨコク研究所の所員である工藤沙希さんにもご参加いただくことになりました。

【脚註および余談】
Text by Kei Wakabayashi

『日本近代社会史：社会集団と市場から読み解く 1868-1914』 104頁の註を参照のこと。

『立志・苦学・出世：受験生の社会史』 教育社会学の第一人者のひとりで、教育と企業社会とがせめぎ合う「出世」「受験」「大学」といったテーマを扱った数多くの著書で知られる竹内洋が1991年に講談社現代新書から刊行し、2015年に講談社学術文庫に収録された一冊。何のために勉強をするのかという問いを軸に、明治期

工藤　よろしくお願いします。私としましては今回会場にお集まりの皆さんが、そもそも「出世観」というものをどのように考えていらっしゃるのかが気になっているところです。いかがでしょうか。

A　自分の小学校の卒業アルバムを見返してみたら、将来の夢が「社長」だと書いてありました。何を思って当時そう書いたのかは覚えていないのですが、今にして思えばおそらく、自分で人生を選択して決定していくということと、組織における最終的な意思決定を自分がするということへの憧れのようなものがあったんじゃないかと思います。

畑中　なるほど。決裁権ということに関しては、現在起業が称揚される世の中になっていることも含めて、私も気になります。大きな企業のなかでは決裁権がなく、周りにも気を使うわけですから、それなら小規模でも自ら起業して社長になっちゃったほうがいいという人もいるんじゃないかと。

工藤　別の方にもうかがってみましょうか。いかがですか？

の若者たちを捉えた「立志」の物語が広まっていった背景を解き明かす。

社長　イタリア生まれの日本文化史研究家・戯作者のパオロ・マッツァリーノは、春秋社のウェブサイト「はるとあき」での連載「会社苦いかしょっぱいか：社長と社員の日本文化史」（２０１７年に同社より単行本化）で、源氏鶏太の『三等重役』、森繁久彌の〈社長シリーズ〉、『男はつらいよ』のタコ社長、『釣りバカ日誌』のスーさん等を挙げて、戦後日本の「社長」のイメージの変遷を映画、ドラマ、小説のなかにたどりつつ「日本人は会社より社長が好き？」という興味深い問いを投げかける。

B　うーん……日系の会社で社長になりたい、という気持ちはあまりないですね。外資だとか、あまり株主の意向を気にしなくてもいいような小規模の会社だったらいいかな、と。出世に対するイメージですが、出世をすればしただけどうしても関係者が増えてくるイメージがあります。本当に自分がしたいことが板挟みによってできなくなったり、調整が必要になったり、そうした煩雑さのほうが先に立つようなイメージがありますね。

若林　面白いですね。お隣の方はどうでしょう。

C　私はとあるご縁で小さい会社の社長をやっているのですが、自分の出世というより、今は社員たちの出世欲をどう掻き立てるのかというほうが課題です。会社が大きくなってくると次の幹部を育てなくてはいけないわけですが、若い人のなかでも、出世志向の人と安定志向の人に二分されている印象があります。

山下　皆さんのお話をうかがっていると、オーナーシップをもてるかどうかということ

出世欲　パーソル総合研究所がアジア太平洋地域14カ国・地域のビジネスパーソン１０００人を対象に行った２０１９年のアンケート調査で、「会社で出世したいか」という質問に5段階で回答してもらったところ、日本は平均で「2・7」と、ワースト2位のニュージーランド・韓国の「3・7」に大差をつけて最下位。「管理職になりたいか」という質問でも「そう思う」「ややそう思う」と回答した割合は日本では21・4%と断トツ最下位で、日本のワーカーの出世欲のなさが浮き彫りに。逆にトップのインドは86・2%が「管理職になりたい」と回答。「会社を辞めて独立・起業したい」という質問に対しても、「そう思う」と回答した割合は日本が15・5%で最低。トップのインドネシアでは56・4%が独立を希望したとか。

出世欲

とが、出世欲に密接に関わっているんだなと思います。ただ、近代史を振り返る今回の課題図書においては、実はオーナーシップというものは特に立身出世とは関係ないんですよね。会社におけるオーナーシップをもてるかどうかというのは、非常に現代的な出世観なんだな、とこの場で実感しました。

「立身」と武家社会

若林　そうなんですよね。課題図書の内容に徐々に入っていくと、『立志・苦学・出世』で取り上げられている重要なトピックとしては、『穎才新誌』という雑誌が1877（明治10）年に刊行されたということがあります。これは、立身出世を夢見る青少年たちが自分の夢を語る投稿雑誌で、『立志・苦学・出世』の序盤は、1879（明治12）年までの投稿から、読者たちの出世観を分析しています。そこでは2冊の本の影響が、ひとつの基調を成していたと語られます。その1冊が福沢諭吉の『学問のすゝめ』で、もう1冊はサミュエル・スマイルズの『セルフ・ヘルプ』を邦訳した『西国立志編』です。

『穎才新誌』　読みは「えいさいしんし」。近代日本では初の全国的子ども向け雑誌として、1877年に創刊され、1901年ないし1902年頃に廃刊したとされる。コンテンツは読者からの投書で、UGC型の投稿雑誌のハシリともなった。初期は修身、立身をテーマにした論説などが多かったが、次第に文学色が強まり、山田美妙、尾崎紅葉、田山花袋、大町桂月など、読者・投稿者のなかから後の文学者が育っていった。主な投稿者・購読者は中流以上の12～13歳だったとされる。全20冊の復刻版が不二出版から刊行されている。

『学問のすゝめ』　50頁の註を参照のこと。

『セルフ・ヘルプ』　自己啓発本のハシリともいえる『Self-Help; with Illustrations of Character and Conduct』は1859年にイギリスで刊行され、日本

畑中　いまでは『自助論』として知られている本ですね。当初、１８７１（明治４）年に中村正直訳で『西国立志編』として刊行されていたことは、ご存じの方も多いと思います。

若林　アメリカでは努力と創意工夫の果てに地位を築いた人たち３００人ほどに話を聞いて回る、という本だとされており、明治日本においては、身分というものの制約から若者たちを解放し、自力で社会的な成功を実現する可能性を示した本だったとされています。しかし実はそうした思想に影響を受けながら『穎才新誌』を読んでいた人たちは、まず階層／階級的な偏りがかなりあったと『立志・苦学・出世』には書かれています。

「穎才新誌」は士族を中心にした儒学下位文化の青少年の世界であった。初期（明治一〇－一二年）の「穎才新誌」の作文には人口の大多数を構成する農民や町人の下位文化を見ることができない。（中略）その意味で「穎才新誌」の世界はわずか数パーセントの人々の世界でしかなかった。しかしそれは明確な下位文化として存在した。そして「穎才新誌」の世界を原風景としてのちの受験の時代が展開していっ

では啓蒙思想家・教育者の中村正直による翻訳が１８７１年に刊行、明治期だけで１００万部以上売れたという（イギリス国内での初年販売数は2万部）。英語版のWikipedia は本書を「中流階級のユートピア主義」に対抗する「ビクトリア中期リベラリズムの聖書」と目されてきたと解説する。著者のサミュエル・スマイルズは本書以後、『Character』（１８７１年）、『Thrift』（１８７５年）、『Duty』（１８８０年）、『Life and Labour』（１８８７年）等の啓発本だけでなく、ジョージ・スティーブンソンをはじめ、イギリスの産業革命に寄与した技術者などの評伝を多く著し、産業考古学的観点から１９６０年代以降読み直しが進んできたというが、日本ではほとんどが未紹介だ。

た。のちの受験の時代は「穎才新誌」の世界がしだいに民衆の生活世界に浸透していく過程であった。

「下位文化」というのは、ここではおそらく〝基底となるカルチャー〟という意味で書かれているのだと思いますが、この『穎才新誌』の読者は主に儒学の精神のもとにあった士族で、そのクラスタにおいて見られた上昇志向が、後に「受験」というものを通して、士族以外の民衆の若者たちの間へと浸透していったという論旨です。

畑中　『立志・苦学・出世』では、武士が「立身」、町人が「出世」ということばを使ったとされています。武士が「立身」を使ったのはまさに彼らが儒学という下位文化に立脚していたからですが、町人が「出世」を使ったのはその下位文化が仏教だったからです。「出世」とは「出・世間」であるわけですが、これは第1回で「複数の『世間』」について触れたように、地域共同体の「世間」を超えてさらなる「世間」へ「出世」していく、というイメージなんですね。明治維新で武家社会が終焉することによって、「出世」ということばが主に使われるようになってきたということなのではないかと思います。

出世　『広辞苑』によると第一義として、「諸仏が衆生済度のためこの世に出現すること」「世俗を捨てて仏道に入ること。また、その人。出世間。出家。僧侶。」と仏教用語としての意味が記載されている。「世の中に出て立派な地位・身分となること」は3番目で、叡山で公家の子息が特に昇進が早かったことから、現在使われる意味へと転じたのだとする。

山下　興味深いのは、『学問のすゝめ』にも、そして『西国立志編』『自助論』と日本語に訳されてきた『セルフ・ヘルプ』にも、基本的にお金の話が書かれていないことです。正確に言えば『セルフ・ヘルプ』にもお金の話は出てくるのですが、経済的に成功するということと自らを高めるということは別の問題である、というニュアンスなんですね。こうした態度が、武家出身者として「立身」を内面化していた人たちにはバチッとはまったんだろうとは思いますが、そうでない人たちにこの内容がどれほど響いたのかはよくわからないところがあります。その意味で「自らを高める」というメッセージの落としどころをうまく見つけることができなかった結果として、「自分を高めなきゃ」という思いが、「受験」というものに向かわざるを得なかったという竹内さんの解説は納得がいきます。ちなみに『セルフ・ヘルプ』はいまの自己啓発書のはしりだとも言えるかと思いますが、私たちが現在目にする自己啓発書もあまりお金儲けの話はしませんので、そこに「自己啓発」というもののひとつの重要な特徴を見ることができるのかもしれません。

工藤　そうしたなかで「立身」への情熱にも拍車がかかっていくわけですが、しかしながら「士族階級にとってその道は非常に抽象的であった」、とも『立志・苦学・出世』には書かれています。

「穎才新誌」の作文が抽象的言説にとどまったのは、上昇移動の熱気はすさまじかったが、明治10年代までは人材選抜の合理化が不十分であり、具体的な上昇移動行路が不透明だったからである。したがって勉強立身の時代とは極めて抽象的に能力（勉強）主義社会の到来が信じられ表出された時代である。しかしいそいでいっておかねばならないが、勉強立身は世界認識のパラダイム変換とでもいうべきものだったから抽象的——勉強や富貴の内容が空虚——であったがゆえに勉強立身フィーバーが可能だったともいえる。勉強立身の時代とはそのような時代であった。

若林　こうした抽象化が起こっていった過程と関係ありそうでないかもしれませんが、

少し脱線気味なことを言うと、出世に向けたエネルギーが「勉強」へと向かっていったことの背景には、元来は戦闘要員であった武士が、江戸期においてすでに変容していたということは重要なのではないかという気がします。かつて戦場で名を揚げることこそが「立身」の要であったはずの武士が、戦がなくなったことによって、藩の経営や運営を手伝え、というような話になっていったわけですよね。

畑中　つまり、武士が「藩の公務員」と化していくわけですね。

若林　はい。ですから、野球の日本代表のことを侍ジャパンと我々が呼んでいるのは、公務員ジャパンと言っているに等しいということは、半ば戯言として、そして半ば本気で指摘しておいていいと思うのですが（笑）、そんな侍の当時の給与体系については、松沢先生の『日本近代社会史』に端的にまとめられています。

近世の領主層は、主従関係のラインに沿って、主君が領地（領知・知行地）を分配するか、あるいは俸禄を支給することによって結び付けられていた。一方、家臣はこうした給付に対して、戦争が起こった場合に主君に軍事的に奉仕すること、つまり軍役を務める義務を負っていた。

畑中　俸禄を軍役をもって返すという関係性で成り立っていた侍は、江戸期になって「軍役」がなくなると、その存在意義も曖昧になって、非常に難しい立場に置かれることになります。それこそ前回でもちらと言及された山川菊栄の著書『武家の女性』や『覚書 幕末の水戸藩』などを読んでいると、当時の武家社会のヒエラルキーのなかでは、下級武士がその多くを占め、しかも彼らは安月給で、町人よりも貧しい生活を送っている者さえざらにいたことがよくわかります。壊れた家も直せず、それこそ傘張りのような内職をして糊口をしのいでいるわけです。戦いによって功績を立てて、下級から上級の武士へと成り上がっていくような機会は、江戸時代の時点ではもうありませんから、下級武士は一生どころか世代をまたいでずっと貧しい公務員のままなわけです。

若林　さらに脇道に逸れますが、対する町人がどうだったのかも松沢先生の本で見ておきましょう。吉田伸之『近世巨大都市の社会構造』を参照しつつの記述になっていきます。

山川菊栄　96頁で言及された「母性保護論争」にも参戦し社会主義の立場から平塚・与謝野双方に対して鋭い批判を浴びせた山川は、『青踏』誌上で伊藤野枝と「廃娼論争」を行うなど、女性問題に関する当代きっての論客・アクティビストだったが、ここで紹介された『武家の女性』（三国書房〈女性叢書〉、１９４３年／岩波文庫、１９８３年）、『わが住む村』（三国書房〈女性叢書〉、１９４３年／岩波文庫、１９８３年）、『覚書 幕末の水戸藩』（岩波書店、１９７４年／岩波文庫、１９９１年）ほか、明治以前の失われつつあった社会を描いたルポルタージュには歴史家・民俗学者としての側面を見ることもできる。『武家の女性』『わが住む村』が収録された三国書房の〈女性叢書〉は柳田

近世都市では、農村と異なり、土地には年貢が賦課されない。その代わりに、それぞれの町には「役《やく》」という、労働の提供義務が課せられる。町を単位に賦課される「役」には大きく分けて「公役《くやく》」と「国役《くにやく》」がある。「公役」は「町人足役《ちょうにんそくやく》」とも言い、建築・土木工事の場合などの労働力負担を指す。「国役」は、職人的な特定の技術をもつ者たちが住む町に課せられる役で、手工業製品製造の労働力を供出する義務である。

山下　個人に対して「役」が課せられていたわけではなく、「町」という共同体ないし組織に対して「役」が課せられていたわけですね。

若林　こうした町人と隣り合う暮らしを送っていた武士たちですが、いわば戦闘要員から公務員へと変容することによって、求められる能力が勉学に基づくものとなり、そしてその能力に基づいて官職登用が志されるようになります。ここにおいて、能力主義というイデオロギーが台頭してくることになったとされます。つまり、「立身」とはすなわち、学を身につけて官職に登用されることなのだ、というラインが江戸時

国男が監修を務めたもので、柳田と山川は1940年に雑誌『新女苑』の企画で初めて対面した。山川は柳田の『木綿以前の事』を「たいへん面白いと思つて拝見致しました」と語り、その後柳田は山川の随筆集『村の秋と豚』（宮越太陽堂書房、1941年）の感想を山川宛の手紙に絶賛のことばとともにこう綴ったという。「なによりも羨ましく思ひますのは御文章の自由かつ明晰なことです。及びがたいと存じました」。

『近世巨大都市の社会構造』東京大学出版会から1991年に刊行。著者の吉田伸之は日本近世史学のなかでも都市史を専門とする。『成熟する江戸』（講談社、2002年）、『伝統都市・江戸』（東京大学出版会、2012年）、『都市：江戸に生きる』（岩波新書、2015年）ほか、大都市「江戸」の都市社会に迫った本を多数執筆した。

代の武士のなかで確立されていったという流れになるようです。

畑中　「立身」のためには勉学に励まなければいけない、と。

若林　そして、そのような価値観が底流としてあるなか、近代化によって武士階級が廃止されるに至るわけですが、『立志・苦学・出世』で分析された明治10年頃の立身出世をめぐる言説が、民間でビジネスを立ち上げて儲けようという話ではなく、頑張って勉強して官僚になろうというテンションになっていることは、そうした流れを理解すると、よくわかるような気がします。

工藤　松沢先生は、このように総括されていますね。

近世社会は、幕藩制国家が、社会集団を身分集団として公認し、把握し、それに役を課すことによって編成されていたが、身分制のなし崩し的解体の結果として、社会集団はその存立根拠を失った。

まさにこうした状況の延長線上で、近代の立身出世観が展開していったわけですね。

暗記力がすべて

若林　すると、問題も起きてくるわけです。再び『立志・苦学・出世』からの引用になりますが、当時の社会はまずは野放図な出世欲によってカオスな状況に見舞われます。

政治的流動状態がやみ人材選抜の合理化がすすむと、政治天下熱は危険な博打的投機的情熱、政治青年は疎放な壮士とみなされるようになり、順路を経た官僚的立身経路こそ勉強立身熱の具体化経路になる。

YouTuberが国会議員になってしまうような世を生きている私たちとしては、ここで語られるような「博打的投機的情熱」に基づいた「政治天下熱」は肌感覚としてリアリティを感じるところではありますが、ここで語られているのは、そうした半ば山師的な出世欲に駆られた人間が成り上がっていく状態が落ち着いてきて、人材選抜、つまり採用の手続きが制度化されていくと、「出世」はひと山当てにいくような投機的なものではなくなり、「官僚的立身」へと姿を変え、そこから若者たちの情熱が「勉強立身」へと向かうに至ったということです。

畑中　明治初頭の社会を考えてみれば、社会制度をつくらんとしている渋沢栄一のような人びとが「お前なら話がわかりそうだから」と、ある意味出会い頭に人材を登用していくようなことが頻繁にあっただろうことは容易に想像することができますが、そうした「僥倖」に基づいた立身出世は社会を不安定化させますから、当然人材登用の制度化が進み、「秩序」に基づいた出世が整備されていくことになるわけですよね。

山下　それは別の言い方をすれば、混乱期においては、武士上がりの人たちが世界に打って出る際のキャリアイメージが、ほぼ政治家しかなかったとも言えそうですね。第2回では、渋沢栄一が書いたテクストのわからなさについて触れましたが、そのわからなさの所以が改めて実感できたような気もします。渋沢が「民間だ民間だ」というわりには語られている内容自体は官僚っぽい、というのが私たちの感想だったわけですが、そもそも当時は民間において「立身」するというイメージが弱かったんでしょうね。そこで渋沢はいろいろと文章を書き、頑張って論じたわけですが、それをあえて渋沢がやらなければならなかったのは、そうした時代的な限界があったからなのかもしれません。

畑中　実際、大河ドラマ『青天を衝け』で改めてよくわかったのは、やはり渋沢自身が、農商民の出でありながら幕末維新のどさくさに紛れて「立身」した人だということでしたよね。工藤さんが先ほど引いた松沢さんのことば、「身分制のなし崩し的解体の結果」を生きた人で、言ってみれば「僥倖」によって出世したわけですから、その身で後進にある種の「秩序」や「規範」を説かなければならなかったのは、もしかしたら本人も歯がゆかったのかもしれませんね。わかりませんけれど。

若林　竹内先生の『立志・苦学・出世』は、こうしたどさくさの時代が終わって秩序の時代が到来したと語っていますが、面白いのは、この勉強立身の時代を「記憶力の時代」だとしていることです。

試験の時代とは記憶力の時代であった。受験生にとっての努力と勤勉の内容は暗記だった。まことに「努力とは暗記なり」であった。（中略）刻苦勉励の受験的生活空間の物語のありかたに、民衆が学歴によって立身出世した人を自分たちの代表選手のようにおもった背後要因がある。（中略）努力と勤勉は近代日本の民衆の中核的エトス（生活倫理）であったからである。

畑中　暗記力で勝ち抜いた人は偉いという。これまた身も蓋もない話ですね。

工藤　ここで「暗記」が非常に重要視されてくるのは、おそらく従来の状況への反動ですよね。それまで「立身」ないし上からの採用基準が非常に曖昧かつ恣意的で「お前、気に入ったから来てくれよ」というようなことが横行していた状態に対して、より客観的な基準として「暗記」が取りざたされる流れがあったということなのではないかな、と。

若林　人がどさくさに紛れて出世していった時代を経た社会においては、「暗記力」という客観的なものさしで平等に能力が測られるようになったことは、たしかに開放であり、民主化でもあったのかもしれませんね。ただ、そうは言っても、暗記力が採用基準というのは、あまりに残念ですよね。求める人材に対して何のビジョンもないわけですから。と言って、それが現在に至るまでに改善されたのかといえば、そうでもなさそうに思えてくるのが、さらに残念です。

山下　まさにこの問題は、現在の日本の企業や、そこで働く私たちの姿とつながってくるものだと思います。というのも、基本的に日本の組織にはジョブ・ディスクリプションというものがないじゃないですか。大学で何を学んでいようがあまり関係がなく、「暗記力」をもとに入学して卒業したという実績、あとはコミュニケーション能力と、そしてこれこそ最も謎めいた能力であるところの「人柄」さえ備えていれば、会社の職務は何とかこなしていける、という状況がいまなお根強くあるわけですから、こうした「暗記信仰」のようなものは、よほどしぶといもののように感じます。実際、会社や国家が求める人材は、「国際力」だったり、「ＩＴ力」だったり、「クリエイティブ力」だったりと、時代を経るなかで変わって来てはいますが、相変わらず私たちはそれを「暗記」することで乗り越えようとしているように感じます。というのは、もちろん自戒を込めてですが。

若林　ほんとですね。いずれにせよ、私たちが「立身出世」といったときに、何を得

ジョブ・ディスクリプション　職務内容を記載した雇用管理文書を指し、日本語では職務記述書と訳される。日本への導入は１９７０年頃とされるが、年功序列、生活給を前提とする日本の企業風土に合わず浸透しなかったが、50年近い時を経て「ジョブ型雇用」のことばとともに用語として定着するようになった。「ジョブ・ディスクリプション」の語を表題に謳った本としては、評論家・竹村健一と労務コンサルタントの玄間千映子による『リストラ無用の会社革命：ジョブ・ディスクリプションが雇用を変える』（太陽企画出版、２００３年）を嚆矢のひとつとして挙げることができる。「仕事の職責を第三者と共有化するための文書」の作成を推進することで、募集、評価、給与査定、ワークシェアリングが有効に機能すると説いた。

ることができれば立身出世したことになるのかがわからないのは、こうして見てみると歴史的にずっとそうだったからなんでしょうね。立身出世の輪郭がずっと曖昧なままなので、とりあえず暗記しておけ、と。

工藤　なんだか悲しくなってきますね。

非凡なる凡人

若林　と、だいぶどんよりしてしまったところで、私が最後に紹介したいのは、『西国立志編』を検索していたらたまたま引っかかった、青空文庫に収録されている国木田独歩の「非凡なる凡人」という短編です。初出は1903（明治36）年とのことです。おそらく独歩だと思われる語り手がいまして、その語り手の友人がひたすら『西国立志編』にのめり込んでいるという設定なのですが、その語り口が変に快活でなんとも奇妙なんです。少し長いですが引いてみます。

僕の小供《こども》の時からの友に桂正作《かつらしょうさく》という男がある、今年二十四で今は横浜のある会

「非凡なる凡人」　雑誌『中学世界』1903（明治36）年3月号に掲載、のち短篇集『運命』（左久良書房）に収録され、同題で岩波文庫に収められた国木田独歩の小説。『自助論』に感化され、ジェームズ・ワットやジョージ・スティーブンソンやトーマス・エジソンを崇拝する桂正作の人物スケッチのような小編。『自助論』が描いた

社に技手として雇われもっぱら電気事業に従事しているが、まずこの男ほど類の異《ちが》った人物はあるまいかと思われる。

非凡人《ひぼんじん》ではない。けれども凡人でもない。さりとて偏物《へんぶつ》でもなく、奇人でもない。非凡なる凡人というが最も適評かと僕は思っている。

僕は知れば知るほどこの男に感心せざるを得ないのである。感心するといったところで、秀吉《ひでよし》とか、ナポレオンとかそのほかの天才に感心するのとは異うので、この種の人物は千百歳に一人も出るか出ないかであるが、桂正作のごときは平凡なる社会がつねに産出しうる人物である、また平凡なる社会がつねに要求する人物である。であるから桂のような人物が一人殖《ふ》えればそれだけ社会が幸福なのである。僕の桂に感心するのはこの意味においてである。また僕が桂をば非凡なる凡人と評するのもこのゆえである。

畑中　たしかに、なんともいえない微妙な評価ですね。

若林　そうなんです。この友人を皮肉っているのか積極的に評価しているのか、最後まで読んでもよくわからないんです。語り手の友人の桂は横浜で電気技師として働い

独立独歩のイノベーターへの憧れをもちながらも、現実社会においてはしがない技師でしかない友人を貶めることなく価値化しようと試みる。現在の視点から読めば、全編皮肉のように読めなくもないが、時代背景から考えるとおそらく違うのだろう。

ているのですが、とにかく熱心に『西国立志編』を読んでいて、本から顔を上げたとき、「僕を見たその眼ざしはまだ夢の醒めない人のようで、心はなお書籍の中にあるらしい」というほどの熱中ぶりです。彼がなけなしの金をはたいて労働者向けの食堂で語り手に食事をおごってくれる場面では、語り手は感動して涙を流しさえします。いま読むと桂も語り手も何だかよくわからない熱情に動かされているのはわかるのですが、とはいえいったい何に対してそんなに熱くなっているのかがさっぱりわからないので、とにかく空回りしてる感じがすごいんです。で、ラストでその空転が最高潮に達するのですが、もはやギャグなのかとさえ思えてくるほどです。今回はその締めの文章をご紹介して終わりにしたいと思いますが、日本の「輪郭なき立身出世」の晴れやかな空しさを、よくよく表した文章としても読んでいただけるかと思います。桂が電柱で何かを修繕しているのを見て、語り手が感極まるシーンです。

桂の顔、様子！　彼は無人の地にいて、我を忘れ世界を忘れ、身も魂《たましい》も、今そのなしつつある仕事に打ちこんでいる。僕は桂の容貌《ようぼう》、かくまでにまじめなるを見たことがない。見ているうちに、僕は一種の壮厳《そうごん》に打たれた。

諸君！　どうか僕の友のために、杯《さかずき》をあげてくれたまえ、彼の将来を祝福して！

第5回

何のための修養

社歌・社訓・創業者の胸像

工藤　今回は「会社と宗教」とひとまずテーマを設定して当日を迎えましたが、おそらくはより広く、会社のなかでの「修養」＝自分磨きがどのような歴史を歩んできたのか、それに関連して、会社のなかで宗教がどのように扱われてきたのかといった話になっていくかと思います。

畑中　今回の選書を行ったのは私でして、まず大澤絢子さんの『「修養」の日本近代：自分磨きの150年をたどる』を挙げさせていただきましたが、本書に関連するようなことは、これまでの回でも少しずつ触れてきています。第2回で語った「勤勉」の話は、『「修養」の日本近代』の第2章が「Self Help の波紋──立身出世と成功の夢」と題されていることからもわかる通り、前回のテーマ「立身出世」とも大きく関わっています。

　またもう一冊、中牧弘允先生、日置弘一郎先生編の『会社のなかの宗教：経営人類

【脚註および余談】
Text by Kei Wakabayashi

『「修養」の日本近代：自分磨きの150年をたどる』「何が『働くノン・エリート』を駆り立てたのか」のキャッチコピーが躍る、2022年にNHK出版より刊行された話題作。著者の大澤絢子の専門は、宗教学、社会学、仏教文化史等で、現在は東北大学DEI推進センター所属。単著『親鸞「六つの顔」はなぜ生まれたのか』（筑摩選書、2019年）のほか、「小泉八雲：怪談の近代」「新聞小説と親鸞：石丸梧平の人間親鸞像」「吉川英治と日本主義：修養する武蔵と親鸞」などの論文がある。本書では、一流大学を卒業し、一流企業、中央官庁に勤務するようなエリートの道を歩むことのできなかったワーカーたちが、いかに「自己向上」を図ったかを、大衆文化のなかに探った。

学の視点』は多様な切り口の論文を集めたもので、必ずしもそのすべてが私たちの関心と重なり合うわけではないのですが、残念ながら中牧さんの単著である『会社のカミ・ホトケ：経営と宗教の人類学』が品切れになってしまっていまして、電子書籍でのみ入手可能という状況からこちらを選ばせていただきました。

若林　単刀直入に、コクヨはこのあたりはどうなんですか？　宗教というと強すぎるので、会社とスピリチュアリズムとでもテーマを言い換えたとして、社内でそれに類する実践があったりするのでしょうか？

山下　コクヨでも他の日本企業で見られるような精神性を重要視する傾向はありますね。コクヨは本社が大阪で、富山出身の創業者・黒田善太郎が興した会社ですが、その息子であり中興の祖とされる黒田暲之助には、松下幸之助に通じるようなメンタリティがあったように感じています。実際私が入社したときは、暲之助が記した訓話集が配られていましたし、暲之助は父・善太郎がつくった「経営の信条」と呼ばれる行動規範を大切にしていましたので、私も朝礼で唱和していました。

『会社のなかの宗教：経営人類学の視点』　国立民族学博物館名誉教授で、文化人類学者の中牧弘允と、組織論を専門とする日置弘一郎が編者となり、日本だけでなくフランスなどをフィールドに、企業活動と宗教の関係性を人類学的視点から読み解いた「経営人類学」の実践編。企業家と太子信仰、フランスの社員食堂、北米企業とスピリチュアリティなど、興味深い論点が満載。東方出版より2009年に刊行。経営人類学に興味ある方は、日置弘一郎、中牧弘允編『会社神話の経営人類学』（2012年、東方出版）、中牧弘允、日置弘一郎、竹内惠行編『テキスト経営人類学』（2019年、東方出版）も要チェック。

『会社のカミ・ホトケ：経営と宗教の人類学』　2006年に講談社より刊行された中牧弘允の著書。「会社神社」「会社墓」「社葬」などをテーマに、会社をめぐるさまざまな儀式を、人類学的視点から分析。

若林　せっかくなので、この場でちょっと一節、お願いできますか？

山下　「人は無一物でこの世に生を享け父母の恵み・恩師の導き・社会のお蔭によって心身ともに成長し、やがて社会に出て一つの仕事を与えられる。それは天より授けられた天職である」……といった具合です。前回、日本企業にはジョブ・ディスクリプションがないという話をしましたが、多くの日本企業同様、コクヨでも社員は基本どんな業務に就くのかはっきりしない真っさらなかたちで採用されますので、新人研修ではこうした道徳的指導を通じて会社のイズムが注入されるわけです。

若林　工藤さんは、この辺いかがですか？

工藤　私は中途入社で、そこまで会社のイズムを深くは理解していないと思いますが、社訓を毎週唱和するという文化に初めて触れたときには正直驚きました。

畑中　面白いですね。社歌・社訓があったり、それを朝礼で斉唱・唱和したりなど、出自のまったく異なる人びとの集合体である会社に社員たちをアイデンティファイ

会社のなかに生き残るカミやホトケの姿を解き明かす。

黒田善太郎　文具・オフィス家具の一大ブランド「コクヨ」の創業者。1905年に帳簿の表紙を製作する「黒田表紙店」を創業し、1917年に「国（越中）の誉れとなるように」と「国誉（コクヨ）」を商標に定める。1961年に社名を「コクヨ株式会社」に変更。和式帳簿のメーカーとした出発したが、やがて洋式帳簿からオフィス用の文具や家具にまで事業を拡大し、現在にいたる。黒田善太郎の創業ビジョンとされる「カスの商売」は、人が見向きもしない厄介でカスな仕事こそが金を生むという考えを表している。黒田の評伝としては、没年の1966年に朝日書院から刊行された、小家敏男『天職に光あり：コクヨ黒田善太郎伝』がある。

黒田暲之助　コクヨ創業者・黒田善太郎の長男で、1960年に善太郎から引き継いだ紙製

させ、組織として統合していくというやり方の確立に関しては、『「修養」の日本近代』を読む限り、やはり松下幸之助がそれで成功を遂げた影響が大きいようです。集団での「修養」、あるいは従業員の品性や人格を会社が向上させる「訓育」に関して、松下幸之助が先鞭をつけたわけですね。そう言えば、私や若林さんの出身である出版社・平凡社はどうだったんでしょう。下中弥三郎という怪人物がつくった会社ですが、社訓なんてありましたっけ。

若林　記憶にないですね……。

畑中　弥三郎の胸像はありましたよね。何回か社屋を引っ越しているうちに、最初は玄関にあったのが、どんどん人目につかない場所に置かれていった気がするのですが、いまはどこにあるのでしょうか……(笑)。とはいえコクヨと同じく平凡社も同族企業ですから、本来は強固なアイデンティティをもってはいるはずです。ちなみに出版社といえば『「修養」の日本近代』では、『実業之日本』がノン・エリートのための処世術を説いた雑誌として分析されています。

品の事業を、家具、事務機器、情報関連製品にまで広げ、コクヨを日本の文具・紙製品産業内で最大手に成長させた「中興の祖」。1985年から亡くなる2009年まで会長職を務めた。

人は無一物で……　コクヨの「経営の信條」の全文は以下。「人は無一物でこの世に生を享け父母の恵み、恩師の導き、社会のお陰によって心身ともに成長し、やがて社会に出て一つの仕事を与えられる。それは天より授けられた天職である。天職には貴賤の別なく、人が生ある限り自らの全力を尽して全うせねばならぬ。天職を全うするには人の信を得る事が最も大切である。人に信を得る最善の道は自ら誠を以て実行する事である。真心を以て買い、造り、そして売れば人おのずから信用し、人に信用を受ければ天職はおのずから全うしうる。誠心誠意不言実行――之が私の経営の信條である」。

精神的な安定

松下幸之助の「わからなさ」

若林　私は今回、ほぼ初めて松下幸之助のことばをいくつか読んでみたのですが、正直何をおっしゃってるのか、よくわからなかったんです。のちに「水道哲学」として知られることになる、「宗教道徳の精神的な安定と、物資の無尽蔵な供給とが相まって、はじめて人生の幸福が安定する。ここに実業人の真の使命がある」といった松下さんのことばが『「修養」の日本近代』でも紹介されています。ここでは宗教道徳的な精神と産業による物資流通が実業人が果たすべき使命の両輪として語られるわけですが、自分が不思議だなと思うのは「水道」のアナロジーです。なんで営利企業が「水道」という公共事業をアナロジーとして使って理屈が通っていることになっているのか、正直腑に落ちません。ここには渋沢栄一が民間企業に対して公的事業の倫理性を説いたのと似たようなわからなさを感じます。

畑中　『「修養」の日本近代』には、和歌山生まれで幼くして大阪で丁稚奉公を始めた松下幸之助が「大阪商人の精神がまだ息づいていた船場で商売の基礎を学び、経営観や商売観を身につけていった」とありますが、その原風景のなかに、「公共心」と「営

松下幸之助　松下電器では、1932年から「朝会」が行われており、そこでは「綱領」「信条」「松下電器の遵奉すべき精神」の唱和、社歌の斉唱と従業員の所感発表などが行われ、現在のパナソニックでも、世界中の事業場で続けられているという。綱領の内容は「産業人たるの本分に徹し／社会生活の改善と向上を図り／世界文化の進展に寄与せんことを期す」。信条は「向上発展は各員の和親協力を得るに非ざれば得難し／各員至誠を旨とし一致団結社務に服すること」。「遵奉すべき精神」は「産業報国の精神・公明正大の精神・和親一致の精神・力闘向上の精神・礼節謙譲の精神・順応同化の精神・感謝報恩の精神」の7つ。

下中弥三郎　出版社・平凡社の創業者であり、教員組合の創始者としても知られる。1914年にポケット版の小事典『ポケット顧問：や、此は便利だ』を刊行するために平凡社を創業。1931～35年に

利」のバランスをめぐる、現在の私たちのそれとは異なった感覚があったのではないでしょうか。

若林　また、他にも理解できないところがありまして、松下は基本的には何の宗教にも帰依していないのに、宗教的な話をし続けたのも少なくとも自分の感覚からするとわかりにくいと感じました。

工藤　そこは不思議なところですよね。

山下　各宗教や宗派のいいところを取り入れているというか、ある意味で無茶苦茶に見えなくもないですよね。

畑中　それが必ずしも無茶苦茶だとは言えないのは、やはり大阪の商人世界の原風景に立ち戻るとわかるのではないかと思います。むしろ近代以前の日本のとりわけ大阪の空気や記憶を受け継いだ人であれば、その態度はむしろ自然だったのではないかと感じます。少し長い引用になりますが、『「修養」の日本近代』の記述を見ておきまし

『大百科事典』を刊行し、一躍「事典」出版社として知られるようになる。1930年頃から国家社会主義の立場に立ち、日本国家社会主義学盟の顧問に就任。後に日本革新党などを創設、大政翼賛会の発足にも協力し、終戦後公職追放された。戦後に平凡社社長に復帰し『世界大百科事典』を出版、日本書籍出版協会初代会長も務めたほか、大衆にオカルティズムを広めた三浦関造やキリストやモーセの墓が日本にあると主張した山根キク等が参加した「日猶懇話会」の名誉会長も務めた。思想の一貫性のなさから「遊動円木」と揶揄されたというが、政治学者の中島岳志は、そこに一貫性を読み解くべく2015年に『下中彌三郎：アジア主義から世界連邦運動へ』(平凡社)を著した。

『実業之日本』　1897年に創刊された経済雑誌。発行元の実業之日本社は、雑誌の創刊とともに大日本印刷の初代社長も務めた増田義一によって

ようか。

「戎《えべっ》さん」に代表されるように、大阪では福神《ふくじん》信仰が盛んだが、船場商人の精神的土壌として重要なのが浄土真宗の信仰である。大阪は石山本願寺の門前町として興った地域であり、本願寺中興の祖とされる蓮如（一四一五―一四九九）が「仏様からいただいたものは粗末にできない」と、落ちている糸くずも拾い上げ、おしいだき、「猟すなどり（漁）をもせよ、奉公もせよ」と言った姿勢が大阪人に歓迎され、ありがたい、もったいない、の精神が両御堂《みどう》の教化によって船場商人の気質を培っていったとされる。大阪には御堂筋と呼ばれる大きな道路があり、「御堂」とは、本願寺の北御堂（浄土真宗本願寺派本願寺津村別院）と南御堂（真宗大谷派難波別院）をさす。（中略）船場の街に両御堂が与えた文化的影響は大きかった。

幸之助が商売を学んだ船場は、西鶴や心学の精神性を土壌に、信仰心に基づく独自の商人文化が醸成されていた特別な場所だった。自主自立、能力主義で家業の継続と繁栄を第一とし、チャレンジ精神を持ちつつ堅実な経営を行う。客本位に徹した上で自分も儲けさせてもらうことを商売の基本とする。自分の力を頼りに勤勉に自

創業された。実業之日本社は、『実業之日本』以後、１９０６年に『日本少年』『婦人世界』、１９０８年に『少女の友』など青年・児童向けの雑誌を次々に創刊した。

水道哲学　松下幸之助のビジネスの根幹にあったとされる思想のひとつ。水道の水のように低価格で良質なものを大量供給することにより、物価を低廉にし消費者の手に容易に行き渡らせることを目指す経営哲学。１９３２年に大阪府・堂島で開催された松下電器製作所の第1回創業記念式で、松下は自社の理念をこう語ったという。「水道の水は価有る物であるが、乞食が公園の水道水を飲んでも誰にも咎められない。それは量が多く、価格が余りにも安いからである。産業人の使命も、水道の水の如く、物資を無尽蔵にたらしめ、無代に等しい価格で提供する事にある。それによって、人生に幸福を齎し、この世に極楽楽土を建設する事が出来るのである」。

助努力を続ける。必要とあれば自腹を切って多額の寄付もする――これらが船場商人の精神である。幸之助は、『西国立志編』で説かれた精神性にも通じる船場の気質を少なからず受け継いでいた。十七世紀から十八世紀を通して固められていった商人の価値観や通俗道徳の精神を、明治という時代に肌で感じ、実践し、新しい時代の働き方へと繋いでいったのである。

松下幸之助は無宗教でありながら、「禅や神道、天理教や大本教、金光教や弁天宗、キリスト教に創価学会、立正佼成会などさまざまな宗教と付き合った」とも書かれていますが、これはある意味で、近世以前の人びとの民俗的な信仰のありようと通じていると感じます。江戸期の民衆は、寺請制度に基づいてどこかの寺院の檀家にはなることを義務付けられていましたが、そうでありながらも仏教だけに帰依していたのかといえばもちろんそんなことはなく、さまざまな神社仏閣にも現世利益を祈るためにお参りしていたわけですから、その混淆感覚はむしろ一般的なものだったと考えたほうがいいのではないかと思います。

1912年の大阪・宇治川の景色。

ノン・エリートのための「修養」

若林　そのことはもちろん理解できるのですが、しかし例えば、えびすさまにお参りするような話があるとして……。

畑中　えべっさん、ね。

若林　（笑）。えべっさんに商人が「商売がうまくいきますように」とお参りするだけなら、まだわからなくはないんです。ただ、それが「勤勉に働きましょう」という話とつながってくる理路が自分にはなかなかピンと来ないんです。しかも松下幸之助は、さまざまな宗教と交流をもち、支援しながらも自分はいずれにも本格的には参加せず、むしろ自分のオリジナルな宗教道徳のようなものをつくり上げていく方向に向かっていくとされていますよね。『「修養」の日本近代』には、「創業当時から松下電器では、守護神として龍神（白龍大明神）を祀って」あって、各事業部にも種々の龍神が祀られており、「現在のパナソニックグループの百を超える事業所にもいずれかの龍神が

龍神　松下家は代々龍神を信仰していたとされ、なかでも幸之助は、弘法大師ともゆか

分祀されている」とも書かれています。さらに「あえて言うなら、幸之助の信仰対象とは『宇宙根源の力』あるいは『根源』である」とも書かれています。あまりにいろんなレイヤーが重なっていて、そこにはたしかに民俗的・伝統的な部分もありそうですが、ここまで来るとややオカルトめいて、ちょっと怖くなってきます。個人的な印象ですが、こうした心性は伝統的なものと言うよりもむしろ近代というものに対する反動という側面が強くあるような気がしてきます。

畑中　なるほど。若林さんの指摘について言えば、私も、企業として自分たちの私腹を肥やすのはよろしくないという考えを国家の繁栄につなげていこうとする論理は気になります。企業が富めば国が富む、というロジックといいますか。

若林　そうなんですよね。明らかにそういうニュアンスはふんだんにあって「水道哲学」なんていうのはその最たるものだと思いますが、とはいえ、不思議なのは、松下さんのことばを読んでも、実は「国家」や「国」の語がほとんど出てこないような印象があるところなんです。

りがあり、「五穀豊穣」で、物質的に豊かな暮らしの実現に利益があるといわれる「善女龍王」を崇めた。現在もパナソニックには、白龍大明神を中心に青・黄・赤・黒の五色の龍神が祀られているという。その松下が氏神として崇敬したのは京都の石清水八幡宮だったが、日本の有名経営者の多くが氏神とする神社をもっていたと、ダイヤモンド・オンラインの記事「〝神様〟も【神様】を頼る。稲盛和夫と松下幸之助を成功に導いた『神社との深い因縁』とは？」は記す。例として、岩崎弥太郎＝土佐稲荷神社（大阪）、渋沢栄一＝七社神社（東京）、稲盛和夫＝車折神社（京都）、出光佐三＝宗像大社（福岡）、堤康次郎＝箱根神社（神奈川）、塚本幸一＝和江神社（京都）等が挙げられている。

経団連と自己啓発

Text by Shotaro Yamashita

修養は姿を変えて、いまもなお生き続けている。第二次大戦後、瓦礫のなかから立ち上がった日本は、1950年代から70年代にかけて、経済成長という巨大なエンジンを動かし始めた。産学官が連携して日本生産性本部が旗を掲げ、「生産性運動」を推進するなかで、労働者たちは効率の化身として生きることを求められた。企業が示す道を歩み、歯車のように無言で動き続ける者たち。彼らの背には、安定という名の重たい鎖がかかっていた。その鎖は、家族を養う力であり、家を手に入れる力であり、子どもを未来へ送り出す力でもあった。選択の自由はなくとも、その鎖によって働き手たちは守られてもいた。

しかし、風向きは変わる。1979年、高度成長の足音が鈍り始めたなか、新自由主義路線を推進する大平内閣が「新経済社会7カ年計画」を打ち出した。豊かさの意味が変わりつつあるなかで、高齢化による社会保障の負担増を回避するため、政府は効率化を求め、個人には自助努力を求めたのだった。「心の豊かさ」という美しいことばの裏で、労働者たちは、個としての生き方を強制される時代へと足を踏み入れた。1980年代、バブル経済の熱狂は頂点に達し、そして崩壊。終身雇用という黄金の鎖は、静かに音を立てて崩れ落ちた。かつての安定は幻となり、労働者たちは新たな現実に直面することとなった。

経団連は声高に叫んだ。「主体的に考え自ら解を導き出せる独創性に富む人材こそが、多くの課題に直面する日本経済の再生を担えるのである」（「新しい人間尊重の時代における構造変革と教育のあり方について」、1993年）と宣言し、「来るべき21世紀において、豊かで魅力ある日本を築くためには、社会のあらゆる分野において、主体的に行動し自己責任の観念に富んだ創造力あふれる人材が求められる」（「創造的な人材の育成に向けて」、1996年）と釘を刺す。かつての修養は、自己啓発という名の新しい義務に姿を変え、企業の庇護を離れた労働者たちに重くのしかかった。

バブル崩壊後、リストラの波は静かに押し寄せ、企業はコストカットのために労働者を次々に切り捨てた。個人に課される責任の重さは増し続け、キャリアはもはや個々人の手に委ねられる時代となった。2019年、経団連の中西宏明会長（当時）は、決定的なことばを残す。「企業から見ると（従業員）を一生雇い続ける保証書を持っているわけではない」。労働者たちは、かつて夢見た安定を手放し、自己啓発の道を進むしかなかった。新しい鎖は、自由の名の下に強制された。未来を切り開くのは自らの手でしかないと告げられた時代が、静かに続いている。

山下　たしかに、ほとんど出てこなかったですね。

工藤　松下が幼少期から新渡戸稲造が寄稿していた『実業之日本』を読んでいた、という話もありますが、あれも国家云々とはニュアンスの異なる話ですよね。

山下　新渡戸が目を向けていたのは、ノン・エリートである大衆が成り上がっていくとき、その向上心が「功明富貴」を目的としないよう慎ましやかに世渡りしていくための「修養」だったと、『「修養」の日本近代』にはあります。新渡戸が持論の足場のひとつとしたのは、クリスチャンになった後、渡米中に信徒となったプロテスタントの一派・クエーカー派の教えでした。しかし同時に「ただ一つの神やキリスト教の教えのみに固執することのない」「折衷的な姿勢」を貫いていて、このように論じられています。

特定の宗教を排除せず、キリスト教の神にこだわることなく、超越者の存在を自由に語る。この「あれもこれも」の態度こそ、新渡戸の修養論のポイントだ。東洋の精神的土壌にキリスト教を根づかせる道を見出し、老子を読み、仏教の経典を読み、

新渡戸稲造　1862年に現在の盛岡市に生まれた新渡戸は、東京外国語学校・東京英語学校で語学を学んだのち、札幌農学校（現北海道大学）で農学を学び、さらにアメリカのジョンズ・ホプキンス大学に留学し、クエーカー教徒の女性と結婚した当代きっての先進的知的エリートだった。西洋文化と比較しながら日本人の心性を解説した『武士道』は英語で執筆され、1899年にフィラデルフィアで出版。ルーズベルト大統領にも感銘を与えたとされる。日本で読まれるようになるのは、1908年に丁未出版社から櫻井鴎村訳が刊行されてからだった。日本語で書かれた代表作とされる『修養』は、1911年に実業之日本社から刊行された。現在では、角川ソフィア文庫、三笠書房ほかから刊行されているが、ここで語られるのは抽象的な理念ではなく、「不向きな職業を選びて失敗した実例」「打ち明けて頼めば反対者も同情する」「名誉を毀損された時の覚悟」「新刊書はいかにして読むか」といった自己克己の実践的な方法論だ。

東洋の神秘主義を学ぶ――。（中略）彼は排他的なクリスチャンではなく、多様な信仰のあり方を認め、あれもこれもと、さまざまな例を取り上げながら修養を説いた。彼の修養論は、キリスト教に立脚しつつ、同時にキリスト教という一つの宗教の教義にとらわれない〈宗教っぽい〉ものでもあった。

この「あれもこれも」という態度と、〝宗教っぽい〟話の集合、という面においては、新渡戸から松下へと「修養」の精神は引き継がれていったということはありそうですね。

新興企業に社葬が必要な理由

畑中　とはいえ、松下幸之助はそれこそ松下政経塾を設立するわけですし、そこに国家的なビジョンがなかったとも言えない気もしますよね。

若林　どうなんでしょうね。そこは工藤さんが以前、民俗学者の山田慎也先生に、「国葬」と「社葬」関係についてインタビューした記事が参考になるかもしれませんが、

松下政経塾　松下幸之助が1979年に、次代の国家指導者を育成するべく私費70億円を投じて神奈川県茅ヶ崎市に設立した政治塾（公益財団法人）。国会議員・地方首長・地方議員などの政治家を中心に、経営者・大学教員・マスコミ関係者などを輩出。塾是は、「真に国家と国民を愛し／新しい人間観に基づく／政治・経営の理念を探求し／人類の繁栄幸福と／世界の平和に貢献しよう」。

民俗学者の山田慎也　国立歴史民俗博物館教授・副館長を務める山田は「死」に関わる儀礼に興味深い研究を続ける民俗学者。『現代日本の死と葬儀：

工藤さんいかがでしょう。

工藤　葬儀を介した会社と国家の関連に触れるためにも、もう少しだけ『「修養」の日本近代』の内容に触れておきますと、松下幸之助が「全員一致の体制づくり」を進めたのは、「会社への帰属意識を高め、従業員の精神的団結を図る」ために有効だからで、その結果として「個人が働きながら、集団の中で自分を高めていくとの意識が、集団の中で共有されていった」とされています。ここまでは、松下幸之助の組織づくりにおける功績としてもよく語られる話ですよね。

さらに著者の大澤さんは、松下の経営には「攻め」と「守り」のふたつの側面があったと書いています。「自分たちの商売の永続性を狙う『守りの経営』と、転換期に対応し、機を見て果敢に挑戦するという投機的『攻めの経営』の二面性」があったのだと。この「守り」とは、つまるところ〝のれんを守る〟というようなことばで語られる姿勢のことですね。ここでもち出される商売の「永続性」が、葬送儀礼の研究者である山田慎也先生が論じる組織の「永続性」とも接続するというのが興味深いところなんです。

山田先生によれば、「社葬」という制度を必要としたのは代々続いてきた旧家では

葬祭業の展開と死生観の変容』（東京大学出版会、２００７年）、『現代の葬送儀礼』（国立歴史民俗博物館、２００７年）、『近代化のなかの誕生と死』（岩田書院、２０１３年）などの書籍がある。工藤は、コクヨのオウンドメディア「WORKSIGHT」の記事「『葬儀』に意味はあるのか？『私らしさ』と弔いの行方」で山田にインタビューを行い、現代人にとっての葬儀の意義を「国葬・社葬」を通して再考した。

社葬　コクヨのオウンドメディア「WORKSIGHT」の記事「『葬儀』に意味はあるのか？『私らしさ』と弔いの行方」のなかで山田慎也は、「歴史的に、国葬は対外戦争の功績者、戦死者を称えるセレモニーであり、国家が死者を悼む共同体として機能するために行われてきたもの」と語り、「国葬の『国に貢献した人を称える儀式』という発想が、『組織に貢献した人を称える儀式』という考え方にパラレルにシフトしたのが社葬」だと説明する。また、山

なく、むしろ新興の会社でした。そうした新興企業が「創業者が亡くなった後も我々の組織は問題なく続いていきますよ」と示す場として、イエの葬式を模した「社葬」を執り行うようになっていった、と解説しています。加えて式典のモデルとして「集団に貢献した人を称える儀式」としての「国葬」の発想を、「組織に貢献した人を称える儀式」としてパラレルにシフトさせていったのが「社葬」だったと指摘しています。

若林　社葬が国葬というものを模したものだとするなら、水道哲学をめぐるロジックも、少し見えてくるようなところがありますね。

山下　面白いですね。前回、家と会社と国家の三体問題という話がありましたが、葬儀という文脈においても、この三体が複雑に絡まり合っているわけですね。ところで、ここまでの話を聞いていてやはり気になるのは、先ほどの新渡戸の話もそうですが、利益や金儲けという話が巧妙に隠されていくような感じがあるところです。拝金主義はよろしくない、むしろ社会に貢献するために利益があるのだといったような語られ方に、あらゆる宗教が援用されているように感じられます。

田は「社葬」をいち早く取り入れたのが新興企業だった理由をこう説明する。「江戸時代から続く商家の御店（おたな）、例えば三井や住友などでは、当主が隠居して亡くなっても御店は続くという共通認識がありました。だから社葬なんて行う必要はないのです。ところが、新しくできた業種の会社は、トップが亡くなるとそれがそのまま組織の危機になります。だから、きちんとお葬式をやってイエに擬制させることで、当主が死んでも会社は問題なく続くのだと思ってもらうんです」。

若林　その意味で『「修養」の日本近代』を読んでいて面白かったのは、ダスキンの創業者・鈴木清一が感銘を受けたという大正期のベストセラー『懺悔の生活』の著者、西田天香についてのくだりでした。

鈴木は西田天香が創設した「一燈園」に滞在し、「以降、家や会社でトイレ掃除を行い、会う人ごとへ感謝の合掌をすること」が日常となり、後には事業の利益を確保したのちの残金を「宙財」として蓄え、困窮者の救済などに使ったとされています。京都・山科に現存する「一燈園」は、西田が１９０４（明治37）年に創立し、「自然にかなった生活をすれば、人は何物をも所有しないでも、また働きを金に換えないでも、許されて生かされるという信条のもとに、つねに懺悔の心をもって、無所有奉仕の生活を行っている」（一燈園ウェブサイトより）という、まさに「修養」の場です。『「修養」の日本近代』は、かつて北海道で開拓事業に従事し、出資者と農民との間で板挟みにあって辛い思いをした天香について以下のように書いています。

天香は、（編注：二宮尊徳の伝記）『報徳記』に記された四つの徳目のうちの三つ――勤勉、節約、分度は実践できても、分度して余った余剰を他に譲るという、四つ目

鈴木清一　１９１１年に愛知県碧海（現碧南市）で生まれ、１９３１年に金光教に入信した後、１９３８年に一燈園に身を投じ托鉢求道生活に入る。その後１９４４年に大阪でワックス製造問屋ケントクを創業し、１９５８年に総合ビル・施設サービス会社であるケントクの前身となるケントク新生舎を設立したのち、１９６３年にダスキンを創業。米国式の契約で結ばれたフランチャイズではなく、愛情と誠実で結ばれた日本的フランチャイズをめざそうとダスキンフランチャイズチエーン全国連合会を発足。アメリカのフランチャイズ経営を学ぶべく現地を訪れた鈴木がミスタードーナツの創業者ハリー・ウィノカーと意気投合したことから、１９７１年にダスキンがミスタードーナツの日本展開を開始する。利益を目的としない「祈りの経営」を実践し続け、１９８０年に没した。著書に『われ損の道をゆく：人間立直りの記』（日本実業出版社、１９７３年）、『めい・あい・へるぷ・ゆう：ふれあいの店づくり』（ダイヤモンド社、

> の徳目「推譲」はどうしても実現できなかった。（中略）近代資本主義社会の利害関係においては、推譲という行為は本来の道徳的な意味を発揮できない。余った余剰はほかに譲るのではなく、元手として投資し、自身の財を増やしていくことが理想とされるからだ。推譲が意味を持つのは、道徳的説得力を持つときであり、それが有効なのは、お互いを見知っているような狭い共同体社会での、人格的な人間関係においてのみである。したがって、天香の開拓事業のように、出資者＝地主と小作人とが遠く離れ、両者の間に共同体を媒介とした人間関係が存在していない場合には、共通の道徳的説得力を持つ世界は成立しない。
> （中略）労働者と資本家の利害衝突をその身で体験し、資本主義社会での通俗道徳の矛盾や限界を感じた彼は、仕事も家も財産も捨て、放浪する道を選んだのだった。

「一燈園」においては「路頭に迷う」のではなく「路頭に帰る」と表現するらしいのですが、要するに積極的なドロップアウトですね。天香は、余剰の利益を再投資に回す、言ってみれば『プロ倫』的な資本主義の精神と、利益を社会に還元せよと謳う通俗道徳における「推譲」の観念とを、正面から折り合いをつけようとしたもののうまくできず、世捨て人のようになるしかなかったわけです。これは面白い身振りだと思

1976年）、評伝に、神渡良平『敗れざる者：ダスキン創業者鈴木清一の不屈の精神』（PHP研究所、2011年）がある。

『懺悔の生活』 著者の西田天香は、1872年生まれの宗教家・社会事業家で、終戦直後に参議院議員も務めた。〝懺悔奉仕団体〟の「一燈園」の創始者として有名だが、本書はその西田が各地で行った講演などをまとめたもので、1921年に春秋社より発売され、1年半で151刷を重ねたという驚異のベストセラー。2018年に春秋社から刊行された新版は、「懺悔の心に基づく無所有・奉仕の集団生活と思想のすべてを著者自身が語った（中略）貴重な記録」と本書を説明する。

いますし、ある意味誠実な思考であるように私には感じられました。

トイレ掃除とジョブ・ディスクリプション

工藤　ダスキンとほぼ同時代の企業を分析した、金子毅さんの「企業の経営倫理構築にみる宗教的エートス：昭和30年代の八幡製鉄所における社会科教育を例として」という論文が、『会社のなかの宗教』に収められています。当時八幡製鉄所の教育部門で社員研修のようなことを担当していた灘吉国五郎という人は、アメリカから輸入した考え方として、「職場におけるインフォーマルな人間関係」の構築を目指したといいます。

人間関係が円満な職場は、ローコストで、組織がうまくまわって生産性も上がるという主旨ですが、しかし戦前生まれの灘吉は、それを修養主義・人格主義に則って、特に「天（企業）と個人の合一」という儒教的な観点でワーカーたちに伝えようとした結果、特に若手の理解を得られず失敗に終わったと語られています。

山下　社員全体への安全教育に人格修養を組み合わせた、ということだと思いますが、

金子毅　聖学院大学政治経済学部教授で経営人類学、安全文化論などを専門とする。近代化の主導的役割を担った八幡製鉄所を研究対象に、日本における「安全」の実践と、それをワーカーの内面において動機づける宗教や道徳といったシステムに関する分析を行っている。「物語る『職工』たち：八幡製鉄所とお小夜狭呉七の祟りをめぐって」（2000年）、「殉職者はいかにして企業守護神となりえたか：『安全』理念の実践をめぐる労使間のポリティクスを中心に」（2003年）、『「安全」理念に見る日本的服従の原理：文化論的アプローチ』（2020年）などの論文がある。

社員たちのなかに自発的に企業体へ参加していく精神を涵養することで、同時に会社に対する不満を抑えていく意図を含むものでもありますので。

畑中　いずれにせよ、やはりここでも、なかなか経済の話にはならず「人格」に行き着いてしまいますね。

工藤　マックス・ヴェーバーの『プロテスタンティズムの倫理と資本主義の精神』で論じられたような資本形成の話はどこにも出てこないですね。

若林　日本企業の性格を考える上でいつも個人的に思い出すのは、ヤマハのＤＸ７というデジタルシンセサイザーのことです。それまでのデジタルシンセサイザーは恐ろしいほど高価なもので、限られたトップ・アーティストしか使えなかったのですが、ヤマハが１９８３年に売り出したＤＸ７は25万円ほどでした。つまり一気に価格を下げてみんなが手に取れるようなものにしたわけです。そのこと自体はいいことだと思いますし、結果的には電子楽器を民主化したとも言えるのですが、とはいえヤマハが「デジタルシンセを民主化する！」といった想いをもってそうしたのかといえば、や

ＤＸ７　１９８３年５月に発売された世界初のフルデジタルシンセサイザー。61鍵、６オペレータ32アルゴリズムのＦＭ音源を採用、最大同時発音数は16音で当時の主流である６－８音程度のモデルを飛躍的に進化させた。１９８０年代当時の音楽シーンに一大シンセサイザーブームを巻き起こし、世界的・歴史的な名機として名を残す。

はり疑問で、むしろ私はそこに「水道哲学」の影響、つまり製品・商品を遍く行き渡らせて、いわば公共インフラにすることを正義とするようなエトスを感じるんですね。日本の会社は「利益」よりも「売り上げ」を重視する傾向があると知人に教わったことがあるのですが、最も効率よく利益を取ることを真剣に考えるよりも、価格を下げてみんなに行き渡らせたほうが、自明のこととして「いいことだ」とされている感覚があるのだろうという気がします。いかに儲けを確保するか、ではなく、いかに多く売るかを常に目指そうとするのは、それこそ松下幸之助の影響が大きいのではないでしょうか。その一方で、利益を多く取ることとうまく折り合いをつけるくらいなら、「路頭に帰る」のを選ぶほうがましだと考えた西田天香の感覚も、わからなくもないんですよね。そう考えると、ヴェーバーが論じたタイプのいわゆる資本主義と、日本人のメンタリティがどこか噛み合わないからこそ、「人格」というよくわからない価値軸をもち出さざるを得なかったようにも思えてきます。客席にひとり、伝統産業の老舗問屋の方がいるので、その辺、うかがってみましょうか。

A　自分がいる業界では正直さや人間性というものがないと、製品の値段がどんどんバグっていくということが起こりうるんです。消費者が限られた情報しかもてないところで、小売価格が恣意的に跳ね上がるようなことが起きると、商売は長く続きません。だからこそ社員は人間性を高めてほしい、という話は社内でずっと大事にしてきています。

若林　なるほど、面白いですね。価格の話で言えば、例えば欧米のラグジュアリーブランドなんかを見ると、どこにこの価格の根拠があるのか、よくわからなかったりしますよね。原価計算から弾き出された価格とはとても思えない金額を見るにつけ、その強気にうらやましさを感じるほどですが、日本からいわゆるラグジュアリーブランドが生まれないと言われるのは、もしかすると価格というものをめぐる感覚に西洋との根本的な違いがあるのかもしれませんね。とはいえやはり、そこで人格を陶冶していくことの根本的な意味が、うまくつかめないんですよね。人格を磨いたら、いったい何になれるのか。例えばその人もまた独立して新たな立派な企業をつくれという話になるのならばまだしも、組織の内部でひたすら立派になれというナラティブだけが発動され続けるわけでしょう。その人たち自身はいったい、何になれというんでしょうね。

畑中　今回は課題図書には入れませんでしたが、大森信さんの『掃除と経営：歴史と理論から「効用」を読み解く』という面白い本があります。本田宗一郎をはじめとして、多くの経営者が掃除を重視してきたことがわかります。

若林　私の知り合いも、「良い会社か悪い会社かは傘立てを見ればわかる」「コピー機の周りが汚い会社はヤバい」と言ったりしますが、そのこと自体は面白く聞きつつも、それって突き詰めれば何の話なんだろうと、どうも腑に落ちないままなんです。

山下　そうした文脈でよく語られるのは、社員にとって会社のそうした問題が「自分事」になっているかどうか、ということですよね。

若林　「自分事」ですか……。

畑中　まあ、若林さんの気持ちもわかります。というのも、特に終身雇用が保障された会社で求められる「永続性」というのは、つまりは「家」の永続性ですから、「自分事」化というのは言ってみれば「家事をちゃんとやれ」というような話になってし

『掃除と経営：歴史と理論から「効用」を読み解く』　2016年に光文社新書から刊行されたユニークな経営論。マックス・ヴェーバーは資本主義経済の背後にプロテスタンティズムの倫理の影響を見たが、日本の経営者は宗教の代わりに「掃除の力」の倫理を活用したというのが著者・大森信の見立てだ。本田宗一郎や松下幸之助など、日本の経営者の「掃除」エピソードには事欠かない。著者は、それが、宗教による思想連帯よりも、身体を動かす活動連帯のほうが日本企業には有効だったからだと分析し、掃除が、知識主導型ではなく行動主導型の人材育成を求める現代企業の課題に対しても有効だと説く。大阪商工会議所で400社を超える企業を対象にしたリサーチの成果に基づく労作。著者の大森には、日本大学経済学部教授で、『トイレ掃除の経営学』（白桃書房、2011年）、『そうじ資本主義：日本企業の倫理とトイレ掃除の精神』（日経BP、2015年）などの著書がある。

まうところはありますよね。

山下　前回でも出た話ですが、ジョブ・ディスクリプションの曖昧さは日本的な企業組織の特徴ですし、その曖昧さと終身雇用の保障の連関性ということもよく語られる問題のひとつですが、そのあたりとも、実は「修養」という概念は根深く絡まり合っているのかもしれませんね。

会社の補助線 7

トーテムとしての「暖簾」

Text by Akihiro Hatanaka

紺色の木綿地に屋号などを染め抜き、商家の軒先に掛け吊るされた「暖簾《のれん》」はその店、その家業のシンボルである。このように暖簾は、布製の物自体から老舗のブランドの商標までを意味し、「暖簾分け」ということばがあるように、営業権という意味も含まれる。ちなみに会社の補助線5で紹介した作家・山崎豊子のデビュー作は『暖簾』(1957年)で、第2作は『花のれん』(1958年、直木賞受賞)だった。
「のれん」はまた、英語の「Goodwill」と対応した会計用語としても用いられている。Goodwillの本来の意味は、好意や、善意、誠意、親切など、友好的な感情を表現することばで、国際親善などに使用される。一方、会計用語としての「のれん」は、企業が保有する無形固定資産、ブランド力や技術力、ノウハウなどを指す用語である。

会計学者の山本誠によると、「暖簾を分ける」「暖簾内《のれんうち》」という用語は江戸時代に生じ、暖簾が簾《すだれ》という物としての意味のほかに、店そのもの、または店の伝統や信用という抽象的な意味を備えるようになっていったという。この「暖簾」は、商法典において2006(平成18)年まで法律用語として使用されることとなり、会社法の制定により、それ以降は漢字名を廃して、「のれん」というひらがなを用いるようになった。また、このように「暖簾」と「Goodwill」を会計的に同じ意味で用いるようになったのは、戦前の会計学者・吉田良三が、大正時代にGoodwillの訳語として暖簾を使用してからだという。

ところで、思想家・人類学者の中沢新一は、大阪の商家の「暖簾」について、次のような興味深い洞察をのべている。
「昔の大阪・船場の暖簾がやはりトーテムでした。じっさいそのデザインは、アメリカ先住民のトーテムポールとそっくりです。先住民の各氏族は自分のトーテム文様を家の前に立てた柱に彫り込みましたが、昔の大阪の暖簾はそれとまったく同じで、店の前に、家の紋と名前を染め抜いた大きな布の暖簾をかかげたのです。」(中沢新一『NHKテキスト 100分de名著 レヴィ=ストロース「野生の思考」』)

トーテムはある血縁集団と特別な関係をもつ、特定の動植物や自然物や自然現象のことで、トーテム文様はその特別な関係を表すためにデザインした文様を指す。商家の先に吊るされた風にそよぐ布は、企業・会社のブランド力から、トーテムとしての意味までを包含していたのだ。

第6回

サラリーマンの欲望

研究者にも謎、当事者にも謎

工藤　今回そして最終回となる次回は、これまで毎回議論に参加してきたコクヨヨコク研究所所長の山下正太郎が、育児休暇で欠席することになりました。その代わりと言っては何ですが、今回は本当に嬉しいことに、参考図書に挙げさせていただいた『〈サラリーマン〉の文化史：あるいは「家族」と「安定」の近現代史』の著者である鈴木貴宇《たかね》さんが会場にいらしてくださっておりますので、本日は鈴木さんのお話も交えながら進めていけたらと思っております。せっかくですので、自己紹介をお願いしてもよろしいでしょうか。

鈴木　はじめまして、鈴木と申します。実はこの場にうかがっていいものかどうか迷ったんです。『〈サラリーマン〉の文化史』の担当編集者がこのイベントの告知を見つけて知らせてくれたのですが、もしかしたら著者抜きでこっそり開催したいのかもしれないと思い悩んだりもしまして（笑）。ただやはり、皆さんがどのように拙著を読

【脚註および余談】
Text by Kei Wakabayashi

『〈サラリーマン〉の文化史：あるいは「家族」と「安定」の近現代史』　2022年に青弓社から刊行された充実のサラリーマン論。二葉亭四迷『浮雲』、岸田國士『紙風船』、菊田一夫『君の名は』、源氏鶏太『三等重役』、山口瞳『江分利満氏の優雅な生活』など、サラリーマンの姿を映し出した明治期から戦後にいたる数々の文化表象を通して、当時のサラリーマンの心情に迫り、「立身出世」「マイホーム」「インテリ」「組合」といったキーワードから社会のなかを漂泊するサラリーマンの歴史を浮き彫りに

んでくださったのか、ぜひ聞いてみたいと思い、足を運んだ次第です。よろしくお願いいたします。

畑中　よろしくお願いします。さて、どのあたりから入っていきましょうか。

若林　鈴木さんのご著書はものすごい情報量の多さでして、どんな感想を抱いたのか、フロアの方にご感想をうかがうところから始めてみましょうか。読んだ方はいらっしゃいますか？　あ、いらっしゃいました。いかがでしたか？

男性　全体を精読できているわけではないのですが、とても面白かったです。実は私、真実一郎と申しまして、『サラリーマン漫画の戦後史』という本を出したりしている者でして……。鈴木さんの今回のご著書で参考文献に挙げていただいているということもあって、今日は楽しみにしてきました。

鈴木　えーっ、真実一郎さん!?　お会いできて嬉しいです！

する。著者の鈴木貴宇は、日本近代文学、日本モダニズム研究、戦後日本社会論を専門とし、編著に『コレクション・戦後詩誌 第8巻：社会主義リアリズムの系譜』（ゆまに書房、2017年）、共著に『高度経済成長の時代』（臨川書店、2019年）などがある。

『サラリーマン漫画の戦後史』2010年に洋泉社新書から刊行され、2018年には改訂版がリリースされた本書は、『課長島耕作』『サラリーマン金太郎』『釣りバカ日誌』から『ぼく、オタリーマン。』『特命係長 只野仁』『社畜！修羅コーサク』まで、昭和・平成の代表的サラリーマン漫画50作以上を通して日本社会の歴史を紐解きつつ、会社社会・日本の現在地を定位する必読の文化社会史。著者の真実一郎は、サラリーマンとして働くかたわら、サラリーマン漫画研究家、パチ怪獣コレクター、ソフビ開発者としても活動する才人。

真実　こちらこそ、お目にかかれて光栄です。本についての議論を聞きにきたのですが、まさか著者の鈴木さんと直接お話しできるとは思っていませんでした。

若林　サラリーマン研究の大家であるおふたりがこの場にいらっしゃるということですから、今回は私たちはお役御免ということにさせていただいたほうがいいかもしれません（笑）。

真実　いえいえそんな、恐縮です……。ともあれ鈴木さんの『〈サラリーマン〉の文化史』の何が面白いかといいますと、サラリーマンに対して徹底して客観的であろうとしていて、だからこそ深掘りできているというところだと思っています。サラリーマンがサラリーマンの研究をすると、当事者のリアリティが滲むところの面白さはありつつも、そのぶんどうしてもバイアスがかかってしまったりもします。その点、鈴木さんは、そうした〝愛〟に基づかない、冷静な学者の視点でサラリーマンの世界を深く探究されていて、その意味でもあまり他に類を見ない書籍だと感じました。

鈴木　著者冥利に尽きます。『〈サラリーマン〉の文化史』は写真や漫画、映画、文学作品などの、いわゆるフィクションを分析しながらサラリーマンと社会状況に迫る、という手法をとっている本でして、その意味でも間口は広いはずですので、気軽に手に取っていただけると嬉しいです。

若林　ご著書の内容に入る前に、おふたりはそもそも、なぜ日本のサラリーマンに着目するようになったのか、まずはお聞かせいただいてもいいですか？

鈴木　私は小学校から高校まで、日本にいなかったんです。父の仕事の関係で、小学校時代はシンガポールで、中高はアメリカで過ごしました。そうして海外におりますと「あ、あの人は日本人だな」とわかる人たちがいて、それが日本のサラリーマンなんです。アメリカだったら中国や韓国の人たちもいるのに、何でしょうか、独特のハビトゥスといいますか振る舞いですね、日本のサラリーマンは「日本から来たおじさん」だということがすぐわかる。それがすごく不思議で、日本社会のことを知りたいと思ったきっかけにサラリーマンの存在があったんです。

畑中　他国からのビジネスマンと、日本から来たサラリーマンは、やはり何か雰囲気が違うんですか？

鈴木　まったく違いますね。抽象的な言い方になりますが、例えば中国や韓国から来ている人たちは一個人に見えるんです。ところが、日本から来ている駐在員は会社を背負っている感じがします。そこから次第に「あの人は銀行だな」「商社だな」「保険会社だ」「政府関係者だ」などと見分けることさえできるようになりましたので、我ながらかわいくない子どもでしたが（笑）、そうしたサラリーマンのあり方は、どんな社会を背景にしてでき上がっていったのだろうと興味をもつようになったんです。

工藤　真実さんはいかがですか？

真実　私は自分自身が日本の会社のサラリーマンなんです。普段の業務のなかで時折外資系のクライアントと仕事をすることがあるのですが、外資系の企業でも相手が日本人のときはうまく業務をまわすことができていたんです。ところがあるとき、仕事相手がみんな外国人だったことがありまして、従来のやり方がまったく通用しないという事態に直面して、ものすごく衝撃を受けたんです。そこで、海外のビジネスマンと日本のサラリーマンというのはまったく違うんだと感じたところから、いったいサラリーマンって何なのだろうと考えるようになり、自分事としてサラリーマンというもののルーツを探すようになったんです。

若林　ふと思い出したのですが、このイベントのシリーズが始まった頃に、「会社というのはテーマとしては面白いけれど、どこに需要があるんですかね」という感想をもらったんです。つまり、毎日会社勤めをしているような人は、業務後にわざわざ「会社」の話なんか聞きたくもないんじゃないか、という指摘だったわけですが、言われてみれば、経営者はいざ知らず、多くのワーカーには、きっと「会社とは何ぞや」なんていう話を掘り下げる理由もインセンティブも意外とないような気がしなくもありません。そう考えると、鈴木さんのご著書はどんな方が読んでいるのでしょう。

鈴木　わからないですね……（笑）。海外の研究者からは面白がってくれている声が届いています。ただ、海外の研究者が日本のサラリーマンに焦点をあてる場合、たいていは日本人男性のマスキュリニティ、それこそ買春ツアーなどで問題になったような男性性についてなんですね。

若林　今回『〈サラリーマン〉の文化史』に加えてもう1冊参考図書に挙げたのが『不倫：実証分析が示す全貌』という本でして、問題意識の底流にあったのは、まさにいま鈴木さんがおっしゃったようなマスキュリニティの問題です。鈴木さんのご著書でも近代化が進行していくなかで若者たちの欲望が、立身出世だけでなく自由恋愛といったものに向けて発動されていく様子が書かれています。実は私自身も海外駐在員の息子として海外で子ども時代を過ごしたことがありますので、先ほど鈴木さんがおっしゃった日本人サラリーマンの海外での目立ち方はよくわかるのですが、そこから感じ取れる体育会系的なマスキュリニティは何やら異様なものとして目に映っていました。

そんなことも踏まえて、今回は、性欲も含めたサラリーマンの欲望というものに焦点をあててみようというところから『〈サラリーマン〉の文化史』や『不倫』を読んでみることにしたわけです。

工藤　『不倫』は、社会学者の五十嵐彰先生と経済学者の迫田さやか先生のご著書で、ごく最近である2020年の大規模な量的調査の結果をまとめたものですね。驚くべき数字として、不倫経験のある男性の割合がなんと半数にのぼるというデータが示さ

『不倫：実証分析が示す全貌』
2023年に中公新書より刊行された本書は、それまでほとんど実証研究が存在しなかった「不倫」という社会現象に、大規模調査をもって切り込んだ画期的な一冊。実証データを冷徹に読み解くことを主眼とするため、下世話な興味から読むと味気ないかもしれないが、既婚男性46・7％、既婚女性15・1％が不倫経験があり、不倫へといたる要因として、男性の場合は職場女性比率、女性の場合は自由時間の多さが関わる、といった「事実」が次々と明かされていくさまは小気味がいい。社会の語られざる側面に光を当てる貴重な研究だ。著者はともに気鋭の学者で、五十嵐彰は、共著に『移民政策とは何か』（人文書院、2019年）、『日本人は右傾化したのか』（勁草書房、2019年）などがある社会学者。迫田さやかは、共著として『夫婦格差社会：二極化する結婚のかたち』（中公新書、2013年）、『離婚の経済学：

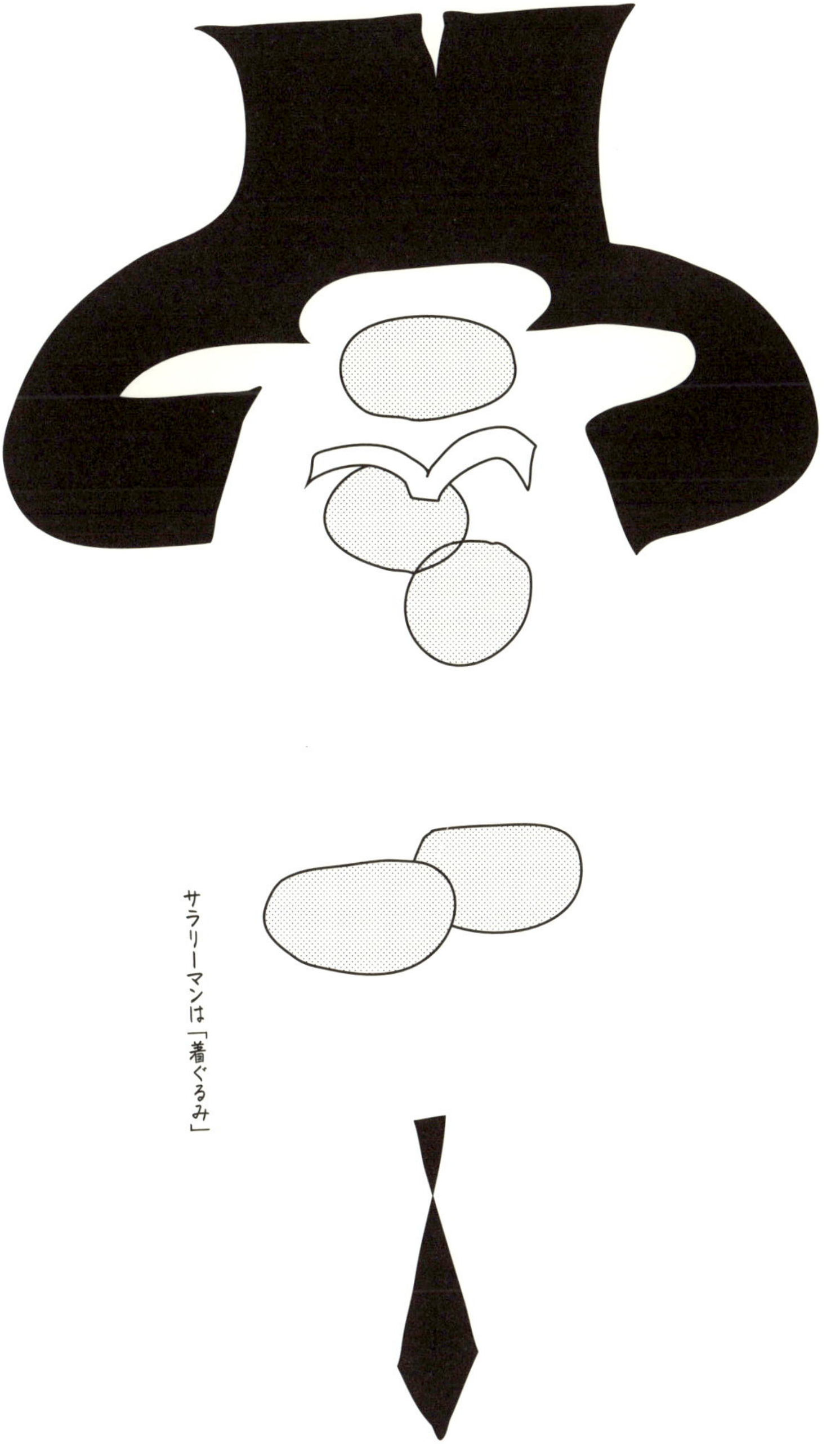

サラリーマンは「着ぐるみ」

れており、他方の女性は3割に満たないぐらいなのだとされています。既婚男性は既婚女性より職場での出会いが比較的多いというデータも、今回のトークにつながるかもしれません。

若林　実は鈴木さんのご著書の端々にも、こうした性的なトピックが顔を出すのですが、そこに触れるためにも、私の乱暴なまとめではありますが『〈サラリーマン〉の文化史』に沿って日本の近代化以降の流れをまとめてみたいと思います。

「近代日本の出発期の立身出世とは『書生』を終えて『お役人』になることであった。『官吏＝立身出世』という図式は明治期の一八八〇年代まで続く」というところから、まずサラリーマンというものの歴史が始まるとされています。その後、日清・日露戦争、第一次世界大戦を経て日本の資本主義および実業界が発展するなか、いよいよ本格的にサラリーマンの時代が到来するのですが、鈴木さんはその流れをこう解説します。

> 立身出世への選択肢に「官吏」以外のもの、すなわち「銀行・会社員」という〈サラリーマン〉層の構成を多く占める職業が定着する。（中略）そして「知識階級」が増加した一九二〇年（大正九年）以降、〈サラリーマン〉という用語も階層も普及

愛と別れの論理』（講談社現代新書、２０２０年）がある経済学者。

することになる。

引用箇所は前後しますが、鈴木さんはさらにこのようにも書いておられます。

好景気のおかげで高利潤を出していた民間企業は、彼ら高学歴エリートに高給を約束する魅力に満ちた職場へと変わり、一獲千金の夢を求めた青年は官途に就かずに「会社銀行員」、すなわちサラリーマンになることを選んだ。（中略）大戦景気に沸いたこの時期は「日本のサラリーマンにとってのベル・エポック」といわれるゆえんである。

畑中　第一次大戦がもたらした好景気によって、いまの私たちもよく知るところのサラリーマンが社会のなかで一般化していくわけですね。

サラリーマンの絶望と欲望

若林　そうした流れのなかサラリーマンたちは消費生活も謳歌するようになっていく

社宅住まいの切なさ

Text by Akihiro Hatanaka

社宅研究会編著『社宅街：企業が生んだ住宅地』によると、「社宅」とは一般的に、「会社が従業員の福利厚生の一環として用意した住居のことで、企業が建設した独立住宅や集合住宅の他に、賃貸アパートや賃貸マンションを借り上げて貸与するものも含んでいる」と認識されているという。こうした社宅住まいについて宮本常一は、1964（昭和39）年の著作『民俗のふるさと』で、伝統的な村落共同体、ムラ社会と比較しながら、民俗学的考察を展開している。

同じような職業をもち、同じような場所に住み、お互いの家のことを知りつくしていることは日々の仕事をしていくことにおいて、大きな安定感を与える。しかし、その束縛から解放されたいという気持ちにもかられるものだ。このような人間的結びつきを、私たちは「封建的」などと規定してしまいがちだが、それはムラだけがもつ問題ではない……。

このような問題意識を抱えていた宮本は、1963（昭和38）年10月1日の朝日新聞に、私営アパートから転居して、初めて社宅に住むことになった主婦の投書を見つける。以下はその一節だ。

「社宅の個人主義の冷たさ（中略）あるところで一線を引かないと、家庭内のことまでわかってしまうため、（中略）どうしても心の通じあいができないのは、なんとしても情けないお話です。（中略）物干し場のかたすみで、お三時をいただきながら、昨夜のけんかのことから、晩のおそうざい、社会の出来事、はては政治のお話などもとび出しました。こんなダベリがなくなった私の今の社宅生活から見て、あれも心の通じあいの大切なつながりの一つだったと痛切に感じられます」（宮本常一『民俗のふるさと』）

投書をした主婦は社宅住まいに味気なさを感じ、私営アパート時代の近所づきあいを懐かしんでいるのだ。

『民俗のふるさと』が書かれ、社宅住まいの居心地悪さについて新聞に投書があったのと同じ時代が舞台に設定されていると思われるのが、高野文子のマンガ「美しき町」（1987年発表）である。

夫が働く工場の向かいの団地に住む若い夫婦は、同じ団地に住む男性から好奇の目を注がれたり、間取りの少ない住まいの一室を労働組合の集会所にされたりする。夫婦の暮らすところが、社宅と明示されてはいないが、高度成長期にできた新しい暮らしのありようが、ここには甘く、また切なく定着されている。

わけですが、しかしここで、やはり私たちがよく知るサラリーマンの「つらさ」も滲み出てきます。

　サラリーマンの需要が高まった結果、高学歴を得るためにこの時期から受験戦争が過熱する。（中略）「就職試験」に通過しても、度重なる受験で疲弊した青年たちにはもはや野心や大望を抱く余裕はなかった。こうしてここに「没落する中流階級」（森本厚吉）にして無気力なサラリーマンが出現する。金銭が与える刹那的な消費の快楽は、彼らにとってせめてもの自己回復の手段でもあった。（中略）
　自己回復の手段であるはずの消費生活が、サラリーマンにさらなる呪縛――世間体という他者の視線による呪縛――をかけてしまう。（中略）かつては社会的地位の象徴だった洋服が、一九一五年（大正四年）頃には「らしさ」という規範を凝縮した束縛へと変わる。

　現代を生きる私たちにとっても実感できる話ですよね。先ほど述べた性的なトピックも、この流れを押さえるとよく理解できるような気がします。『〈サラリーマン〉の文化史』を読んでいると、例えば明治期に日本が近代化していく過程において、「理

就職試験　明治期の大学は「旧帝大」のみだったため、卒業生は自動的に官僚、もしくは財閥企業の幹部候補としての将来が約束されたが、第一次大戦の好況下のなか、多くの企業が高等教育を受けた人材を欲したことから、１９１８年に政府は「大学令」を交付し大学と大学生の増加を図った。だが、大戦の終結と関東大震災後の不況により、就職市場が買い手市場に転じた結果各社で選別試験が行われるようになり、新卒一括採用が広まることとなったとされる。その後、世界恐慌によって不景気になると就職難はさらに加速する。小津安二郎の映画『大学は出たけれど』が公開されたのは１９２９年のことだった。その後、１９３１年に日中戦争が始まり軍需産業を中心に好況に転じたことで、就職難は緩和され売り手市場となっていくが、こうした競争を是正し戦時体制の安定を図るべく、当時の政府は、国が新卒者を企業に割り当てる制度（学校卒業者使用制限令）を１９３８年に、初任給を一律化する制度（会

想の佳人」（妻）を娶って「スウィートホーム」（家屋）を手に入れることへの欲望が台頭してきたとされますが、これについて鈴木さんは、社会学者・見田宗介先生のことばを引用しつつ、次のように述べています。

文明開化によって解放された欲望は、西洋文明という「新文明」を象徴するモノへ無批判的に向かうことになる。見田は「金銀の鎖附きの時斗《とけい》を領《えり》に懸け秀麗なる服飾をせざれば、金玉のある男とは見えぬ」という当時の俗謡を例に、洋装に代表される西洋風の文化への志向が「新しい社会に適応するシンボル」として機能したとする。だが、この俗謡が鋭く衝いたことは、西欧化＝近代化に失敗したものは「男性性」をも喪失せざるをえない、という「公的」な出世（官吏としての成功）と「私的」な成就（恋愛の達成）が不可分に癒着している点ではないだろうか。日本資本主義がまだ発達段階にあった日露戦争前には、官吏は「男の中の男」だとされていた。

鈴木さんは、「官吏としての成功」がサラリーマンにとっての「公的な出世」のひな型として捉えているわけですが、その「公的な出世」と「私的な成就」がセットに

社経理統制令）を1940年に発令した。これが、新卒の給与を横並びとする慣行のルーツとなったとされる。

見田宗介先生のことば　ここで参照されているのは、見田宗介が1960年代に発表し、現在では岩波書店『近代化日本の精神構造：定本 見田宗介著作集（第3巻）』（2012年）に収録されているふたつの論文「明治維新の社会心理学」と「『立身出世主義』の構造」、および1971年に筑摩書房より刊行された『現代日本の心情と論理』。流行歌から明治期の大衆の心情・心理を読み解いた見田の著作には『近代日本の心情の歴史：流行歌の社会心理史』（講談社、1967年／講談社学術文庫、1978年）もある。

なった欲望は、いわば「会社」と「家」がセットになった生活モデルのなかに集約されていき、その後の日本社会でかたちを変えながら続いていくこととなったと指摘されています。例えば鈴木さんが引用している『主婦之友』1937（昭和12）年8月号付録「娘と妻と母の衛生読本」には、次のような驚くべき注意書きが登場します。

御主人に出世して貰いたい方や立派な仕事をさせたい方は、エネルギーを乱費させぬように注意することは、奥様としての資格の大切な条件でありましょう。

鈴木　これは、夜、奥さんは程よくエロティックになりなさい、というとても変な記事で、見つけたときは思わず笑ってしまいました。夫が他の女性に目移りしないよう、妻は所帯じみてはいけないし、とはいえあまりエロティックすぎると会社の仕事に差し支えが出るから適度にしなさい、と。ものすごく難しいことを、この記事は女性に要求しています。

若林　現在はだいぶ状況が変わってきているとは思いますが、かつては結婚相手を会社のなかで見つけることがある意味制度化すらされていたわけですから、そうした観

「愛人手当を経費で落とせるか」　愛人手当の税務上の扱いについては専門家によるアドバイスをオンラインで読むことができる。興味ある方は、「愛人手当は経費？」（山口育男税理士事務所）、「社長のヒミツ、愛人と行ったホテルの費用を経費に…バレたらどうなる？」（税理士ドットコム）、「会社が経営者の愛人に給与を支払った場合の税務上の取扱い」（東京クラウド会計税理士事務所）、「元国税調査官が教える『愛人手当を会社の経費で落とす方法』3つ。政治家も使うズルい手口、税務署に否認されないための注意点は？」（まぐまぐ！）などを参照されたし。また、森鷗外や尾崎紅葉の小説に描かれる妾囲いから、2000年代以降の政治スキャンダルのなかの愛人像までを題材に、近・現代日本における「妾」と「愛人」像をフェミニズムの観点から扱った本としては、石島亜由美『妾と愛人のフェミニズム：近・現代の一夫一婦の裏面史』（青弓社、2023年）にも注目。

点から見れば、家庭における性行為は「会社」というものと深く関わっていたわけですよね。逆に言えば、会社というものがある意味性的空間でもあったということでしょうし、そうであればこそ、先述の通り不倫相手を会社内で見つけるということも自然なこととしてまかり通るわけですね。ちなみに、このトークの直前に、「愛人手当を経費で落とせるか」というネット記事を見つけたのですが、キャバクラに行く費用も接待交際費として計上されてきたようなビジネス界の土壌を振り返ると、「会社」やサラリーマン文化というものは性欲の処理をめぐるひとつのシステムでもあった、とさえ言えそうな気がしてきます。しかもネット記事を見るにつけ、それが現在まで消えることなく続いているわけですね。

畑中　他方で、これもまた鈴木さんのご著書にあるように、1920（大正9）年以降に「サラリーマン」ということばが定着し、新しい近代生活を謳歌しているように見えながらも、昭和初期にはすでに当事者たちの間には閉塞感が漂っていたわけですよね。そうしたなか、増加した「知識階級」であるサラリーマンは、不景気のなかで階層分化を乗り越えようとする「勇気あるインテリゲンチャ」と、資本主義社会の現実を追認していく「蒼白きインテリたち」へとサラリーマンが分裂していくことにな

蒼白きインテリたち　『鈴木貴宇〈サラリーマン〉の文化史』の第3章のタイトルに冠されたこのことばは、昭和初期のサラリーマンが、「自己保身の一心で会社組織に従属し、日本社会の軍国主義化を感受しながらも、失職の恐怖から何ら行動を起こさなかった『順応的で受け身』な存在」になっていった状況を指している。すでに「職工」と分類されていた現場労働者とは異なる階層として、分化しつつあった「ホワイトカラー層」としてのサラリーマンは、多発する労働争議においても労働者たちと連帯することができなかった。「当時のサラリーマンには『経営者と労働者のあいだをうろうろしているコーモリ的存在』にして『劣等感』がつきまとっていた、とは大宅壮一の回想だ」と鈴木は書く。大宅壮一のこの回想は、1930年に大鳳閣書房より刊行された『モダン層とモダン相』からの引用。それを受けて鈴木は、「こうしたいわば『無力なるサラリーマン』論の延長に、『エロ・グロ・ナンセンス』といわれたモダン都

ったと指摘されています。加えて、どちらの道を進んだにしても閉塞感は強まっていくばかりになってしまう。そうした行き止まり感は、少し後の時代になりますが、当時から指摘されてもいました。私は今回青空文庫で、プロレタリア文学者として知られる宮本百合子が1937（昭和12）年に発表した「若き世代への恋愛論」という文章を見つけたのですが、面白い内容です。

地道な若い下級サラリーマンや、職業婦人の間に、今日はこんな世の中だからよい恋愛や結婚は望んでも駄目だという一種の絶望に似た気分があるのも事実だと思う。青年たちは、自分たちの薄給を身にこたえて知り、かつ自分の上役たちにさらわれてゆく若い女の姿を見せつけられすぎている。職業婦人たちは、それぞれの形で、いわゆる男の裏面をも知らざるを得ない立場におかれている。私たちの新しい常識は、職場での結合をのぞましいものと告げているのだが、日本の社会の現実で、愛情の対象を同じ職場で見出すことはほとんど絶対に不可能に近い。

若林　「自分の上役たちにさらわれてゆく若い女の姿を見せつけられすぎている」というのは、なんとも生々しいですね。

市文化の開花も置かれることになる」と記す。

「若き世代への恋愛論」　小説家であり共産党のアクティビストとしても知られる宮本百合子が1937年に白揚社から刊行した『昼夜随筆』に収録された、近代日本の「恋愛論」をめぐる論考。当時の「恋愛論」の隆盛を受けて、島崎藤村、与謝野晶子や自然主義文学者たちのロマンティックな恋愛論から、夏目漱石、平塚らいてう、白樺派、マルクス主義者たちの男女・恋愛・結婚観までをサマリーしながら、恋愛に希望がもてない若者の身になって望ましい恋愛の姿を考察する。当時人気を博した恋愛論の特徴として「恋愛について物をいい、書きしている論客の大部分がほとんど中年の人々であることおよび、それらの恋愛論と読者との関係では、それぞれの論が読まれはしていても現実に若い人々の生活における行動の規準となるものをもっていないことなどが感じられる」といった指摘も面白い。

畑中　鈴木さんは『〈サラリーマン〉の文化史』で、劇作家・岸田國士がサラリーマン家庭を描いた戯曲『紙風船』について論じておられますが、この戯曲が発表されたのは1925（大正14）年。岸田は後に、大政翼賛会の文化部長となりますが、宮本の文章を踏まえると、昭和10年代の日本社会では国家主義者と、労働者と連帯していく社会主義者の間で、どちらの陣営がサラリーマンをとりこむことができるのか争われていた、という見方もできるのかもしれません。これを逆にサラリーマンの側から見れば、経営者の側に身を置くこともできず、といっていわゆる「工場労働者」のようなブルーカラーのワーカーの側にも身を置くこともできない、サラリーマンもしくはホワイトカラー層の中ぶらりんな状況を示してもいます。鈴木さんは御本のなかで大宅壮一のことばを引かれていますが、サラリーマンはまさに、「経営者と労働者のあいだをうろうろしているコーモリ的存在」なんですね。

転がる紙風船

工藤　岸田國士の『紙風船』に関する記述を、私もとても面白く拝読しました。「目

大政翼賛会の文化部長　戦前・戦後にかけて文学座を主宰し、日本の演劇界に多大な功績を残した劇作家・演出家・小説家・評論家の岸田國士は、1940年より大政翼賛会の文化部長を務めたが、岸田は、1941年に執筆した「大政翼賛会と文化問題」という文章のなかで「翼賛会は左翼的傾向をもつてゐるとの誤解があるさうであります」と意外なことを書いている。元々、近衛文麿を中心に軍部を抑制することを狙って創設された翼賛会は哲学者の三木清の進言によって立ち上がったとされ、文化部長に岸田を推挙したのも三木だと言われる。結果、文化部には岸田の人脈から左翼の演劇人などが参加することとなり、創設当初は国粋主義一色のイメージとは異なるものだったと言う。右記の文章で岸田は資本主義、社会主義双方の限界を語りつ

白文化村」に住む結婚1年目の若夫婦が主人公で、そのふたりの会話によって進む戯曲ですが、面白いのは夫婦の固有名詞が明示されないところです。「夫」と「妻」としか示されないのですが、そのふたりの会話が続いていきます。そのなかで印象的なのは鈴木さんも触れられているこのやりとりです。

妻　あたし、日曜日がおそろしいの。
夫　おれもおそろしい。

この夫婦は近代家族の規範を「らしく」生きようとしながら日常を送っているわけですが、日曜日は、平日のサラリーマンのルーティーンから逸脱した時間であるわけですよね。夫はただのひとりの男であり、勤めから帰る夫を待つ妻もひとりの女に過ぎない。そんな社会的属性から自由になった時間が訪れたとき、向き合うふたりの間には何ら先行するイメージもないままに、不毛な状態のなかに自分たちを見いだすことになってしまうわけです。

また、ラストシーンも印象的です。子どもがいないふたりの間に、庭の外から突然「紙風船」が転がってくる。風船を飛ばしてしまったらしき女の子のみ、「千枝子」と

つ、それらに立脚しない日本固有の文化思想の必要性を訴えたが、会の「赤化」を非難する国粋主義者・蓑田胸喜の猛攻撃を受けて、1942年に文化部長を退任した。大政翼賛会をめぐるこうした経緯は、杉森久英『大政翼賛会前後』（文藝春秋、1988年／ちくま学芸文庫、2007年）に詳しい。

名前が記されているのですが、妻と夫があらあらと風船とともに女の子のほうへ歩み寄っていくところで終幕に至ります。近代家族としてのふたりの関係がうまくいかない遠因は、「不在の子ども」にあったというのが鈴木さんの分析ですね。

鈴木　この分析について大学の授業で触れると、女子学生が強く反応します。先ほどの『主婦之友』の引用は、『紙風船』発表から12年後の１９３７年の記事ですが、しかし描かれている内容はよく似ています。他人から自分たちがどう見えるのか、近代家族をまっとうできているのかどうかということを気にする社会的な規範の原型は、おそらく大正時代につくり上げられていったのだろうと思います。

工藤　大正期に「文化住宅」が出現したことにも、鈴木さんは触れていらっしゃいます。借地の上に建てる持ち家としての小住宅であり、応接間の籐椅子や、当時流行した円本（全集）といったものに象徴されるモダンな暮らし、つまり「近代の夢」としての「文化住宅」。『紙風船』の若いサラリーマン夫婦には、経済的になかなか手が届かないわけですが、しかしそうした「近代の夢」が彼らの意識を捉えていることにも言及されています。

文化住宅　明治以来、洋風生活が日本に浸透していくなか、それまでの「洋館」の模倣とは異なるやり方で、日本なりの洋風住宅のあり方を模索する機運が大正時代に高まった。そのなかで生み出されたコンセプトが「文化住宅」と呼ばれる和洋折衷の住宅様式だった。「文化住宅」の語は、１９２２年に開催された「平和記念東京博覧会」の住宅展示場「文化村」から生まれたという。与謝野晶子・鉄幹夫妻とともに文化学院を創立した西村伊作は、こうした和洋折衷の新しい家のあり方を提案した人物のひとりで、１９１９年に『楽しき住家』（警醒社書店、１９１９年）という著作を刊行している。大正デモクラシーを背景にした自由な気風を、教育、芸術、生活技術において体現することを目指した西村のレガシーについては、田中修司『西村伊作の楽しき住家：大正デモクラシーの住い』（はる書房、２００１年）、黒川創ほか『愉快な家：西村伊作の建築』（ＬＩＸＩＬ出版、２０１１年）に詳しい。

若林　「コーモリ」と揶揄されるような不安定な存在でありながら、近代化された家族や近代化された文化を体現する存在として、その役割をまっとうしなきゃいけないという圧がものすごく強くかかっているわけですね。しかもその圧を自分たち自身で規範として内面化してしまう。これは、たしかに苦しいポジションですね。

畑中　いま工藤さん、若林さんがおっしゃったサラリーマンの宙吊り感みたいなことで言いますと、これは戦後の話になりますが、鈴木さんが『銀行員の詩集』というものを論じられているのも重要です。これは全国の銀行員の詩作品を集めて1951（昭和26）年に第1集が、その後1960（昭和35）年までに計10冊が刊行された詩集のシリーズで、のちに民主主義的詩人として知られるようになった、日本興業銀行勤務の石垣りんの詩も収録されています。

鈴木　東京メトロでよくポスターを見かける、メトロ文化財団が詩を一般公募している「メトロ文学館」や、「伊藤園 お〜いお茶新俳句大賞」の原型とでもいえるようなものですね。プロでないということはもちろん、特段文学好きでなくても、普通の人

『銀行員の詩集』　全国銀行従業員組合連合会が年に一度公募した詩を集めて出版したもので、1951年から10年間、計10冊が刊行された。日本興業銀行で事務員として勤務していた石垣りんは、第1巻、第2巻に各4編ずつが収録され、それをきっかけに日本現代詩人会に誘われることとなった。『銀行員の詩集』の母体となったのは、全国銀行従業員組合連合会青婦人対策部が1951年に発行開始した機関誌『ひろば』で、賃上げ闘争の中核となりながらも、「働く者の琴線に触れる言葉で書かれた」のが「ひろば」の特徴だったと鈴木貴宇は『〈サラリーマン〉の文化史』に記している。『銀行員の詩集』に選出された詩を紹介し論じた本としては、真壁仁・編『詩の中にめざめる日本』（岩波新書、1966年）が知られており、2021年に復刊された。

が詩作に取り組んでいく、その先駆けとなるような試みです。当初はいまでいうところのメガバンクの労働組合が主体なのですが、やがて地方の小さな銀行などへも波及していきます。女性の組合員が多かったというのも特徴とされています。

畑中　鈴木さんは、戦後を代表する詩人・中村稔による、『銀行員の詩集』に対する非常に厳しい評にも触れています。中村は、ハンセン病患者が書いた詩と比べて、銀行員たちの詩には「労働者意識などとは言つても、そんなものは、世間一般の貧しさの前で、およそ影がうすい」と手厳しく批判します。ちょうど先日も国立ハンセン病資料館で展示（「ハンセン病文学の新生面『いのちの芽』の詩人たち」）が行われていたように、当時からハンセン病患者による詩作の実践があったわけですが、それと銀行員の詩作を比べるなら、後者は無個性だと批判するんですね。つまり、この批判はサラリーマンの労働者としての当事者性の欠如や社会的主体としての困難の欠如に向けられたもので、端的に言えば、ホワイトカラーのエリート層の空虚さそのものに向けられた批判でもあるわけですね。

鈴木　その詩作品に銀行員としての必然性はあるのかと言っているわけですよね。石

厳しい評　鈴木貴宇『〈サラリーマン〉の文化史』によれば、詩人の中村稔が第9巻に対して寄せたコメントは以下。「そこで問題は、何故、銀行員の詩と名のって発表するか、ということである。今日において、銀行員という職業の物珍しさというようなものはない。銀行員が書いた詩作には、ハンゼン氏病患者の書いた詩作のような、作品の成り立ちからくる魅力を、読者は求めはしない。銀行員の労働者意識などとは言っても、そんなものは、世間一般の貧しさの前で、およそ影がうすいのである。そして、そんな労働者意識、社会意識があることと、詩の良し悪しとは関係はほとんどないのだが、良い詩が少ない程度には、そんな

垣りんぐらいになれば、もちろん銀行のことを書いている詩もあるにせよ、詩人個人としての力が突出していますので、彼女の詩の力は「銀行員であること」とは無関係なんですね。中村稔による批判は、その意味では正当な批判だと私も思うのですが、その一方で、「メトロ文学館」にしても「お〜いお茶新俳句大賞」にしても、個性が突出していないサラリーマンのある種の無個性が、逆に面白いと言える部分もあるのではないかと個人的には感じています。

畑中　おそらくそこが「サラリーマン」や「会社」ということを考える意味につながるし、むしろ現代的なテーマ性を帯びるところなのかもしれません。つまり、大正時代以来ずっと「サラリーマン」というものを苛んできた宙吊り感や無個性性、そしてそれにまとわりつく空虚感を、ただ闇雲に否定するのではなく、肯定はしないまでも、せめてきちんと定位してあげるということが必要だということなのだと思いますが、それをしない限りいつまでも「サラリーマン」の呪縛からの脱却も難しいですよね。

鈴木　無個性性ということにつながる話かもしれませんが、私自身は、サラリーマンというのはある種の「着ぐるみ」なんだと考えるようになりました。それはシステマ

意識も乏しいのである」。鈴木は、この批判も踏まえながら、『銀行員の詩集』が有する価値は、（中略）占領終結から高度成長に向かう時期のホワイトカラーの心情を抽出した点に凝縮される」と論じている。

ティックに構築されているものではありますが、そうであればこそ本来は着ることも脱ぐこともできるものであるはずなんです。

例えば、男性がよく「妻のため」「家族のため」に働いていると口にしますが、サラリーマンというのが着脱可能な「着ぐるみ」だと認識できれば、そうした社会的な規範の外で「自分のため」に働くということはきっと可能だと感じています。『〈サラリーマン〉の文化史』は、サラリーマンは何のために生きているのか、生きうるのかということを考えるきっかけになればと思って書いたものですが、今回皆さんの議論を聞いていて、この本がサラリーマンがサラリーマンを生き直すきっかけになりうる本なのだなということを改めて強く感じました。

三菱一号館から始まる

会社の補助線 9

Text by Shotaro Yamashita

明治23（1890）年、陸軍がその広大な土地を手放したとき、ひとつの時代の終わりを迎えた。武士たちの足跡は消え、広がったのは「三菱ヶ原」と揶揄された荒涼とした土地。ここに岩崎彌之助は、新しい日本を築き上げる決意があった。三菱一号館は、1894年にその姿を現した。それは単なる建物ではなかった。鉄とコンクリート、そして赤煉瓦が織りなすその存在は、かつて野原だった場所に日本の未来を織り込む刺繍のようなものだった。武士たちの屋敷が消え去り、西洋の風が吹き込む丸の内に、三菱財閥はこのオフィスビルを建て、かつて封建的な労働の束縛を受けていた人びとに、働くという新しい世界を提示した。

イギリスの建築家ジョサイア・コンドルによる設計は、まるで遠い異国の都からの贈り物のようだった。ロンドンの影が東京に落とされ、三菱一号館は「一丁倫敦」の象徴として立ち上がった。それは経済的進歩のモニュメントであり、明治政府が追い求めた「文明開化」の具現化だった。ビルの大きな窓からは太陽が差し込み、そこで働く人びとは、近代的なビジネスの光のなかで新しい働き方を模索した。

三菱一号館内部のオフィスレイアウトは、それまでの日本の伝統的な仕事場の概念を打ち砕いた。大名屋敷や商家の狭い部屋ではなく、広々としたオープンな空間が、効率とコミュニケーションを促した。自然光に満ちたその空間は、現代的な働き方の象徴であり、鉄と煉瓦の確固たる構造は、未来への揺るぎない確信を示していた。オフィスの耐火設計や安全性もまた、近代化の証しだった。火災や地震にも耐えるその建物は、ただの物理的な強さを超えて、ビジネスの未来を守る砦としての役割を担っていた。

そのなかで働くサラリーマンたちは、日本の新しい時代を支える存在となった。サラリーマンという職業は、彼らにとってひとつの革命だった。農耕や手工業に従事していた時代が終わり、かつては武家の人間のみが得ていた定期的な給与を受け取り、スーツを着てオフィスに通う。彼らはかつてなかった都市のリズムに乗って、新しい規律に従事することで、日本の経済成長のエンジンとなった。三菱一号館はただの建物ではなく、新しい生き方、働き方、そして日本が世界と肩を並べるための象徴的な場であった。

その後、丸の内の発展はさらに加速し、大正3（1914）年には東京駅が完成し、第一次世界大戦による好景気も追い風となり、日本を代表するオフィス街としての地位を確立していった。三菱一号館も1923年に丸ノ内ビルヂングが出来上がるまで日本の近代化を象徴するアイコンとして栄えた。現在では美術館として復元され、往時の姿をそのままに、多くの人びとにその歴史を語りかけている。

第7回

会社は誰がために

ChatGPTに仕事を奪われる

工藤　いつもは課題図書を事前にお知らせしていましたが、この最終回は特にないんですよね。

若林　その代わりに「結局会社は要るのか」という、答えるにはあまりにも大きな問いをタイトルに掲げてみています。

畑中　果たして何かしらの結論が出る話になりますでしょうか。最終回というより、いつかまた開催するかもしれない、次のシリーズの予告編になりそうな気もしていますが。

若林　それこそ会社の話にどれだけつながるかわからないのですが、実は先ほど、シリーズ皆勤賞だった参加者のおひとりと話していたら面白いことをおっしゃっていま

【脚註および余談】
Text by Kei Wakabayashi

情シス　情報システム部の要／不要論はこの10年繰り返し語られてきたが、その発端は、2013年にガートナージャパンが行った調査にあるとされる。4000社のCIOを対

した。端的にいえば、「ChatGPTに仕事が奪われる」という事象の最前線にいらっしゃる方なんです。そのお話を皆さんにシェアしていただくことから今回は始めてみようかと思います。先ほどの話、ちょっと聞かせていただいてもいいですか？

A　あ、はい。私は普段、金融の会社で情報システムの仕事をしていまして、目下ChatGPTの影響をモロに食らっています。正確に言えば、ChatGPTがこのように広まる前から、情報システム、いわゆる「情シス」の世界には大きな変化が起きつつありました。例えば従来は社員が入社するとき、あるいは逆に退職者の情報処理といったものはすべて手作業で行っていたんです。しかしそれがどんどん自動化され、ひとつのGoogleアカウントを停止すれば連動してすべて止まる、というような状況になり、そのぶん作業時間が浮くようになってきたんです。

工藤　そうした流れにChatGPTが加わって、どうなったんでしょう？

A　SlackとChatGPTが連携できるようになっていますから、これまで情報システム担当者に来ていた社員からの問い合わせDM、例えば「ゲスト用のWi-Fiパスワ

象に行ったこの調査において「ITコストの削減」を課題と感じているCIOの割合が減り、その分「ビジネスソリューションの提供」が課題と答えた割合が増えたことで、従来、システムの保守を旨としてきた「守りの情シス」に対して「攻めの情シス」が求められるようになっているとの認識が広まり、それを背景に、旧来の情シスに対する「不要論」が高まったと、NTTテクノクロスの2017年の記事「情シス不要論は本当？これからの情報システム部に求められる役割とは」は説明している。また、経営管理部門への人事紹介を行うWARCエージェントは、情シスが不要とされる主な理由として「自動化とAIの進化」「コスト削減の圧力」「ビジネスの変化と適応の遅れ」「売上が上がらない間接部門」の4つを挙げ、とはいえやっぱり情シスが必要な理由として、「セキュリティとリスク管理」「ビジネスプロセスの効率化」「ITインフラの構築と維持」「データとアクセス管理」を挙げている。

ードって何だっけ?」というような質問には、社内に蓄積された情報のなかからChatGPTが答えてくれるようになったんです。もうそこですべて完結しちゃうので、私のような人間の出番はないわけです。

畑中　ChatGPTの影響に関して、他の皆さんはどうですか?

B　私はむしろ助かっています。ひとりでやっている会社なので、まるで部下ができたような感覚です。画像もつくってくれるし、要約もしてくれるし、別の音声認識システムをかませれば文字起こしもしてくれる。ChatGPTさまさまです。

C　求人系の企業のバックオフィスで働いていますが、5分で終わるようなこまごまとした仕事を大量にこなすのが日々の仕事ですので、もしかしたらChatGPTに置き換わりうるかも、とは感じます……。

D　私は営業・マーケティング系の仕事をしているので、しばらくは影響が小さいのでは、という気がします。イレギュラーな事態が発生した場合、特に日本企業でした

出番はない　情報システム部におけるChatGPTの利用方法については、ChatGPT自身にそれを聞いてみたIIJのコラム記事「情シスにおけるChatGPT活用方法を『本人』に聞いてみた」が興味深い。ChatGPTが答えた業務内容は、ざっと以下。「カスタマーサポート」「FAQへの応答」「システムトラブルシューティング」「ユーザーインターフェースの改善」「プロセスの自動化」「セキュリティアシスト」「データ解析と予測」「プロジェクト管理サポート」「教育とトレーニング」「ナレッジマネジメント」。

営業・マーケティング系　営業部門におけるChatGPTの活用例として、パーソルビジネ

らやっぱり人と人が直接対応していくことで、関係者の納得感というものが生まれます。そうしたエモーショナルな部分は、まだChatGPTでは置き換えることができないのかな、と感じます。

E　私は地方自治体の職員をしているのですが、どこかの自治体で、議会の答弁の案をChatGPTでつくっているというニュースは耳にしたことがあります。私がいる自治体では導入されていなくて、おそらくまだ検討段階だとは思うのですが、いずれにしても自分たち人間の目で見て推敲しなければならないものですし、まだそこまでの影響はないかなと思っています。

ブルシット・ジョブがまた増える

若林　人類学者デヴィッド・グレーバーの『ブルシット・ジョブ：クソどうでもいい仕事の理論』の冒頭を思い出しますね。いま手元にはグレーバー自身が2013年に書いた文章の引用がありまして、これが、『ブルシット・ジョブ』の素案になったエッセイなのですが、「一九三〇年、ジョン・メイナード・ケインズは、二〇世紀末ま

スプロセスデザインは「法人営業におけるChatGPT活用事例10選！」と題したコラムを掲載し、「商談内容・議事録の要約」「ネクストアクションの提案」「顧客への発信文書作成」「商談資料の構成案作成」「営業アシスタント／ブレーンストーミング」「市場情報収集・報告書作成」「取引先情報収集・報告書作成」「GAP分析・打ち手提案」「セールスアクションチェック」「商談ロールプレイング・商談フィードバック」などを挙げ、BtoBマーケティングツールを開発する「ferret」は、ChatGPTが活用できるマーケティング業務として「キーワードの抽出」「コンテンツの自動生成」「レポート分析・施策提案支援」を挙げている。

『ブルシット・ジョブ：クソどうでもいい仕事の理論』　文化人類学者デヴィッド・グレーバーのおそらく最も知られた本で、なくても誰も困らない仕事を「ブルシット・ジョブ」と名づけ言語化したことで、ブ

でに、イギリスやアメリカのような国々では、テクノロジーの進歩によって週一五時間労働が達成されるだろう、と予測した」という一節から始められています。

20世紀を代表する経済学者ケインズがこの予想を行った時期を補足すると、カレル・チャペックが『R.U.R』、日本では『ロボット』の名で知られている戯曲を発表した1920年から10年後のことです。この戯曲は「人間のあらゆる労働を肩代わり」してくれるはずのロボットが反乱を起こすディストピア物語ですが、この『ロボット』の刊行から数えて百年以上、自動化などのテクノロジーによって人間の労働時間は圧縮されていくとしたケインズの予測から数えても95年もの時間が流れているわけです。にもかかわらず、私たちは相変わらず「自動化されれば仕事が減る」という言辞に踊らされ続けているわけですよね。グレーバーは続けてこう書いています。

> しかし、労働時間が大幅に削減されることによって、世界中の人びとが、それぞれに抱く計画《プロジェクト》や楽しみ、あるいは展望や理想を自由に追求することが可能となることはなかった。それどころか、わたしたちが目の当たりにしてきたのは、「サービス」部門というよりは管理部門の膨張である。(中略)

ルシット・ジョブだらけの日本の読者の溜飲も大いに下げた(と思われる)。2013年にオンラインで発表しバズったエッセイが、2018年に単行本化され、日本語版は酒井隆史、芳賀達彦、森田和樹の訳で2020年に岩波書店から刊行された。グレーバーの著作の流れでいえば、2015年に原著が刊行された『官僚制のユートピア：テクノロジー、構造的愚かさ、リベラリズムの鉄則』(酒井隆史訳、以文社、2017年)を継ぐ「官僚制」をめぐる考察ともいえる。その一方で、そもそもあらゆる労働には「ケア」の側面があると語るなど、世の「仕事観」を正面から揺さぶる本でもある。官僚制的企業資本主義が発達する過程で、当の労働者自身が自らを工場労働者としてイメージするようになり、仕事に本来備わっていた「ケアリング労働」の側面が見えなくなっていったことがブルシット・ジョブの蔓延につながったことを明かす第6章の「一九世紀に浸透した労働価値説の重大な欠陥とその欠陥に資本の

これらは、わたしが「ブルシット・ジョブ」と呼ぶことを提案する仕事である。まるで何者かが、わたしたちすべてを働かせつづけるためだけに、無意味な仕事を世の中にでっちあげているかのようなのだ。（中略）
企業による容赦のない人員削減がすすめられるなかで、解雇と労働強化がふりかかってきたのは、きまって、実際にモノを製造し、運送し、修理し、保守している人びとからなる層《クラス》であった。けれども、だれもまったく説明できない不思議な錬金術によって、有給の書類屋《ペーパー・プッシャー》の数は、結局のところ増加しているようにみえる。

畑中　よくわかる話ですね。

若林　自動化によって労働時間が減るはずが、むしろ管理するためのペーパーワークが増えていく。そのなかで官僚主義のようなものもどんどん強まっていく。そのメカニズムがどのように起きたのかを論じるのが『ブルシット・ジョブ』という本だと私は思うのですが、ChatGPTに関しても結局同じようなことが繰り返されているだけ

所有者がいかにつけこんだのかについて」の節は必読だが、グレーバーは、そこで労働とは本来以下のようなものだと語る。「労働とは、槌で叩いたり、掘削したり、滑車を巻き上げたり、刈り取ったりする以上に、ひとの世話をする、ひとの欲求や必要に配慮する、上司の望むことや考えていることを説明する、確認する、予想することである。植物、動物、機械などなどを配慮（ケアリング）し、監視し、保守する作業についてはいうまでもない」。

『R.U.R』　チェコの作家・戯曲家カレル・チャペックが１９２０年に書いたこの戯曲は、「ロボット」ということばを生み出した作品として知られるが、「R.U.R」は「Rossumovi univerzální roboti＝ロッサム万能ロボット会社」を表す。幕前の前口上に、ロボットの宣伝文句が語られるが、こんな内容だ。「商品名『ロボット』。この商品は、当社が開発した人造人間であり、人間のあらゆる労働

のように感じます。テクノロジーによって自動化・効率化が進むといわれていて、たしかにそうした進展はあって、表面上は一部の人間の仕事が代替されていくのですが、結局は管理が強まり、新たなブルシット・ジョブが生み出されていくだけになるんじゃないかという気がしてなりません。

仕事における「ケア」

工藤　自動化は進むのに、そのことによって官僚的なシステムが再生産されていくというのは、本当にいったい、何なんでしょうね。結局は〝元締め〟が要るというか、管理者としての人間が必要だ、ということなんでしょうか。

若林　グレーバーの指摘として改めて重要かなと思ったのは、資本主義の発展の過程で、ワーカーというものが一元的に「工場労働者」のモデルのなかに集約されてしまったという指摘です。労働者と言ったときにそこに零細商人や個人の職人などがイメージとして含まれないのはなぜかとグレーバーは問うわけですが、この問いはこのトークシリーズの前半にあった商人の話とも通じていると思いますし、前回のサラリーマンの

を肩代わりしてくれる、万能労働者です。また、一台あたりの値段も大変安くなっておりまして、何かとお困りの人件費の削減にもお役に立つこと間違いありません。RUR、ロッサム世界ロボット製作所の『ロボット』を、ぜひお買い求め下さい」。ロボットの価値を「人間の労働を肩代わり」「人件費の削減」をもって語ることは、ロボットやAIを語る際にいまもよく見かけるが、ロボットの語を生んだ作品がすでにしてディストピア世界を描いていたにもかかわらず、100年経ってなおR.U.R社の宣伝文句がそのまま流通していることに、人間の学ばなさを学ぶ。日本語版は、1923年に春秋社から刊行された宇賀伊津緒訳『人造人間』が最初で、最新訳は、中公文庫から2020年に刊行された阿部賢一の新訳『ロボット：RUR』。

宙吊り問題とも関わってきそうです。つまるところ私たちの「仕事」はすべからく「工場労働」として制度化されてしまったということですが、そうなってしまったことで起きた問題は、本来どんな仕事にも備わっていた「ケア」という側面が隠されてしまい価値化されなくなったことだとグレーバーは指摘しています。工藤さんの質問への答えにはなってない気もしますが、ブルシット・ジョブの発生の根幹に、私たちの仕事をめぐる観念に重大な落とし穴があるという指摘はかなり重要な気がします。いまの「労働」には「ケア」が抜け落ちているんですね。

そのことと関わるかはわかりませんが、少なくとも自動化しても仕事は減らないということに関しては、ひとつの傍証として、人類学者の久保明教先生の『「家庭料理」という戦場：暮らしはデザインできるか？』に面白い話がでてきます。

生活史研究家・阿古真理さんのお母さまである秀子さんのエピソードなのですが、秀子さんが結婚とともに1960年代に大阪に移って分譲マンションを購入し、「立ち流し式のキッチン、冷蔵庫や洗濯機、ガスコンロや換気扇に囲まれ、当時全盛期を迎えた主婦向け雑誌や料理番組（『主婦の友』や「きょうの料理」）を参考にしながら」レパートリーを増やしていったという話を紹介しながら、久保先生はこう解説します。

『「家庭料理」という戦場：暮らしはデザインできるか？』小林カツ代、栗原はるみなど、時代時代のレシピ本を手引きに実践を繰り返しながら、「家庭料理」というもののなかに埋め込まれた見えないシステムの存在を明らかにし、それが発動する規範や倫理を解き明かす、ユニークな文化人類学。コトニ社から2020年に発売。

著者の久保明教は、一橋大学社会学研究科准教授の文化人類学者。「人類にとってテクノロジーとはいかなるものであり、いかなるものでありうるか」をテーマとして、ロボット開発／受容、AI技術／言説、家庭料理、デジタルゲームなどを対象とした研究を行う。著書に『ロボットの人類学：二〇世紀日本の機械と人間』（世界思想社、2015年）、『機械カニバリズム：人間なきあとの人類学へ』（講談社選書メチエ、2018年）、『ブルーノ・ラトゥールの取説：アクターネットワーク論から存在様態探求へ』（月曜社、2019年）など。

しかしながら、秀子の多彩な「手作り」料理を支えていたのもまた、「食の簡易化」を進めてきた諸関係の変化に他ならない。祖母世代が自分の畑で食材を育て、味噌やコンニャクを自作し、薪で火をおこすところから「手作り」していたのに対して、秀子が扱うのはスーパーで購入した食材であり、その調理もまた、スーパーで購入できる食材を前提にして構成された料理レシピ、すぐに着火するガスコンロ、高火力での炒め物や揚げ物を可能にした換気扇、馴染みのない洋食や中華の味付けを簡単にしてくれる化学調味料によって簡易化されている

システムキッチンが日本で初めて登場したのは1973年のことらしいですが、この流れを別の見方で考えてみれば、〝主婦のワンオペ〟というようなものがここで初めて完成するといえるかもしれません。ひとりで何でもできるようになる。しかしそれは同時に、すべてを自分ひとりの責任でやる方向に押し流されていくということでもある、というのが久保先生の見立てとなります。

畑中　主婦は〝三食昼寝付き〟だなんて、とんでもない話なんですよね。

『スマイルズという会社を人類学する：「全体的な個人」がつなぐ組織のあり方』Soup Stock Tokyo、PASS THE BATON、100本のスプーンなどで、新たな業態を生み出しながらビジネス界に新風を吹き込んできた遠山正道率いる異色の企業「スマイルズ」をフィールドとして、4人の人類学者が現地調査を敢行した、企業人類学のユニークな実践。2020年に弘文堂より発売。著者は、アフリカの民族誌、沖縄の歴史人類学等を専門とし『利他学』（新潮社選書、2011年）などの著書がある小田亮、『性風俗世界を生きる「おんなのこ」のエスノグラフィ：SM・関係性・「自己」がつむぐもの』（明石書店、

若林　服を手洗いするのが大変だったところに洗濯機が入って楽になる……というのは表面上のことで、むしろ主婦の仕事の範囲はどんどん広がっていってしまい、料理ということで言えば、毎晩違う料理を出さなきゃいけないというプレッシャーにさらされていくことにもなってしまうんですね。

畑中　この話を会社に引きつけるとしたら、どう考えうるんでしょう。

「小商い」に戻る

工藤　私は膨張するシステムに対するオルタナティブを考えられるかどうか、ということにひとつの可能性があるのかなと思っています。今回、課題図書はないということでしたが、何か参考になるかなと思ってもってきたのが小田亮ほか著『スマイルズという会社を人類学する：「全体的な個人」がつなぐ組織のあり方』と、ジェームズ・C・スコット著『実践 日々のアナキズム：世界に抗う土着の秩序の作り方』です。

畑中　どんな内容ですか？

２０１７年）の著書をもつ社会人類学者／ジェンダー研究者の熊田陽子、中国で少数民族の研究などを行う文化人類学者の阿部朋恒。

『実践 日々のアナキズム：世界に抗う土着の秩序の作り方』　著者のジェームズ・C・スコットは、東南アジアをフィールドに、国家を形成しない社会、サバルタン政治学、アナキズム等の研究で知られるアメリカの政治学・人類学者で２０２４年7月に他界した。本書は、そのスコットが、日々の暮らしのなかにアナキズムの種を見いだす入門編的エッセイ集で、岩波書店から清水展、日下渉、中溝和弥の訳で２０１７年に刊行。スコットの邦訳には、『モーラル・エコノミー：東南アジアの農民叛乱と生存維持』（高橋彰訳、勁草書房、１９９９年）、近年話題になった『反穀物の人類史：国家誕生のディープヒストリー』（立木勝訳、みすず書房、２０１９年）などがある。

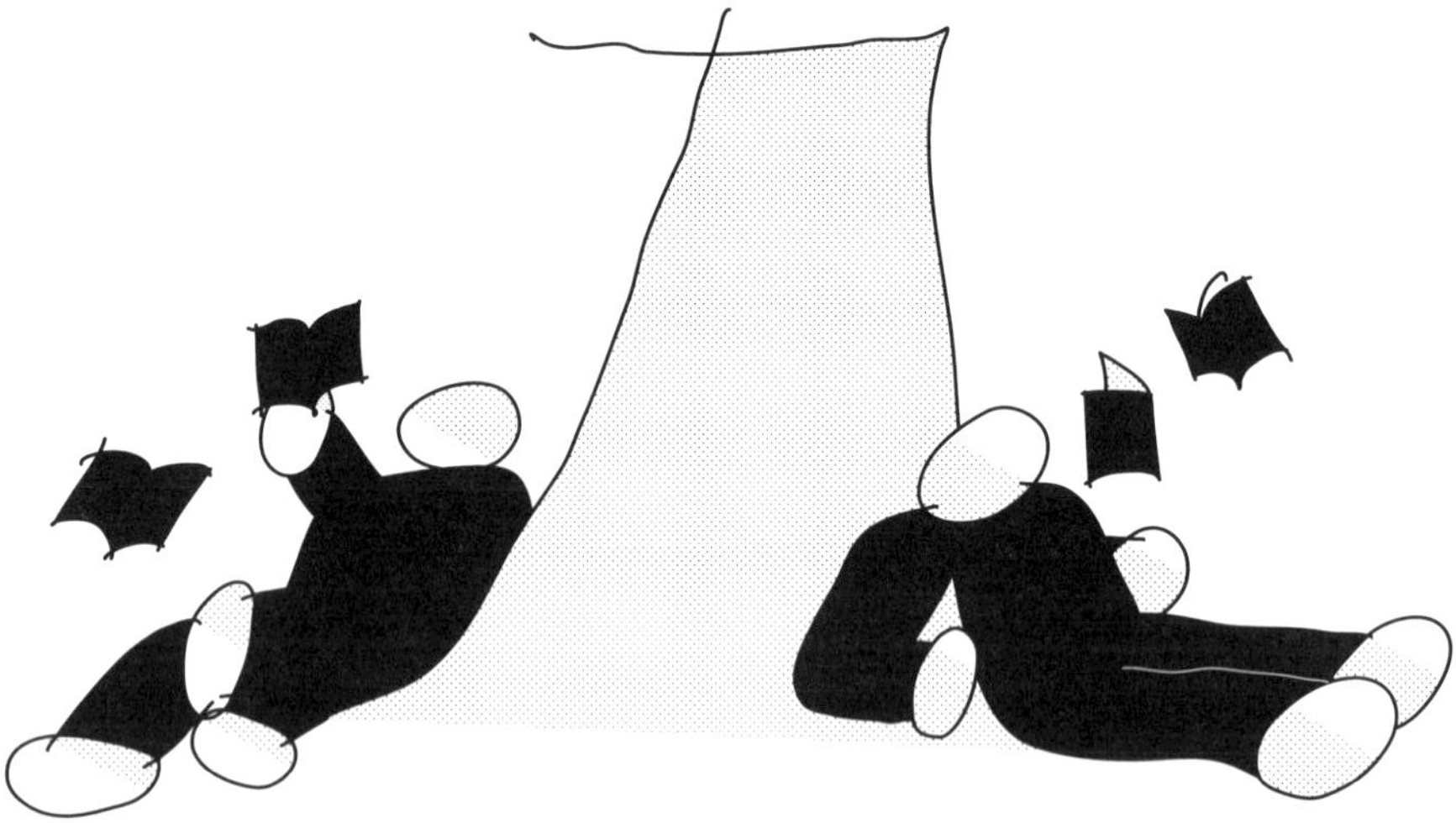

会社は必要？

工藤　『スマイルズという会社を人類学する』は、創業者・遠山正道さんのもとSoup Stock Tokyoなどを展開してきた株式会社スマイルズを、文化人類学者の小田さんをはじめとした研究者たちがフィールドリサーチしていくというものです。このシリーズでも以前に触れた中牧弘允さんのような、1990年代後半から展開されていった日本の経営人類学の系譜とはやや異なった本でして、もちろんスマイルズ自体のブランディングという意味合いも含んではいるのですが、『ゾミア：脱国家の世界史』や『実践 日々のアナキズム』で知られる人類学者・政治学者スコットの論を小商いや職人的な仕事をアナキズムと結びつけながら「資本主義の文化に対抗する価値」に触れている箇所は面白いと感じました。スコットに関連するところを少し引用してみます。

> ビジネスや労働にシステムとは別の価値を滑り込ませる例として、(中略)小商いや職人的な仕事がある。小商店主や職人は、小規模自作農とともに、マルクス主義が「プチ・ブルジョワジー(小ブルジョワ)」と呼んで軽蔑してきた階級である。しかし、そのような生業は、資本主義以前から続いているものであり、人類史の中で最も普遍的な「なりわい」である。

『ゾミア：脱国家の世界史』　人類学者ジェームズ・C・スコットの代表作のひとつで、日本では佐藤仁の監訳でみすず書房から2013年に刊行された。インドシナ半島の奥地「ゾミア」に、「国家を形成しない社会」のあり方を追い、一見原始的な生活様式や社会システムが、国家権力から離れて自由と自治を実現するための生存戦略だったことを明かした必読の書。原著のタイトルは「The Art of Not Being Governed: An Anarchist History of Upland Southeast Asia」(統治されないための技芸：東南アジア山岳地帯におけるアナキストの歴史)で、2009年に刊行された。

スコットは、『実践 日々のアナキズム』において、現代社会でプチ・ブルジョワジーを称賛すべき点として、大規模なシステムによって公的・私的生活がますます統治されてきている中で、その小さな財産によって自治と自由を保持していること、いかなるシステムの下でもプチ・ブルジョワジーが欠かすことのできない社会的経済的なサービスを提供していること、そしてプチ・ブルジョワジーが世界的にみればいまだに最も大きな階級になっていることを挙げている。

こうした観点から見た小商い的な精神を、スマイルズの従業員は会社組織の内部においてもっているというのが本書の主旨なのですが、いずれにせよ、ここにひとつの問いがあるような気がします。このトークシリーズの前半でも、日本の会社の「家族的経営」に関して、前資本主義的な温情主義《パターナリズム》による「家・親・子」のアナロジーが支配しているといったことが議論されましたが、ではそうした家のような制度を模倣しないかたちで、小商いの思想をもった会社というものは可能なんだろうか、という問いです。

若林　業務がどんどん分節化されペーパーワークが増えれば増えるほど、その承認のプロセスも増加して管理する人間が必要になっていくわけですが、小商いはすべてを自分たちの手元で行うわけですから、これまで企業が採用してきた官僚的な「分業化」とは異なる道を見いだしうるかもしれない、ということですよね。

これもまた第3回で論じられたことですが、日本の「家」というのは前近代においては、いわば「商い」の主体である経営体だったというのは、このことを考える上で個人的には重要な論点だと思っています。「仕事」というものを先ほどのグレーバーの話のように「工場労働」のイメージから解き放って、かつてあった「家＝商店」という観点をも含みうるかたちで「仕事」を再定義できないだろうかと考えてみたくなります。

畑中　その辺りは、歴史学者・網野善彦さんの『女性の社会的地位再考』や、与謝野晶子や平塚らいてうといった面々が大正期に繰り広げた「母性保護論争」、政治学者・中村敏子先生の『女性差別はどう作られてきたか』などを踏まえながら、これまで考えてきたことでもありますね。

若林　はい。加えて、その前近代的な「家」では男女の役割分担といっても、現在の私たちがイメージするものとは異なるフラットさをもっていた可能性があったのが、後の近代化および明治民法のもとにおいて、「家」が家父長制と結びついたことで、フラットな事業体としての側面を捨象してしまったのではないか、という議論を行いました。

その過程において、「商業」というものが、そもそも社会のなかに居場所がなくなってしまったのではないかというのが私のかねてよりの問題意識でしたが、「小商い」ということが広く語られる背景には、実はそんな疑念が反映されていたりもするのかな、と思ったりします。

畑中　ひとつ私が懸念するのは、近年の日本での、小商いということばのもてはやされ方でしょうか。わりとリベラルな人たちが小商いということばを用いている印象がありますが、しかし本人たちが使用している感覚以上に、そしてそれを企業という文脈のなかで使うならばなおさら、資本主義的・新自由主義的なニュアンスを帯びてしまっているのではないかと感じます。

先ほど工藤さんが引用された一節に、「小商店主や職人は、小規模自作農とともに、

小商いということば　「小商い」は、とりわけ東日本大震災以降注目されるようになったことばで、この語を冠した書籍の嚆矢としては、平川克美『小商いのすすめ：「経済成長」から「縮小均衡」の時代へ』（ミシマ社、２０１２年）を挙げることができる。経済が停滞し人口が減少していく日本が生き残るために「経済成長なしでもやっていける社会を考想すること」を提起した。著者の平川は、翻訳を主業務とするアーバン・トランスレーションを内田樹らと共に設立した実業家・文筆家で、「小商い」に連なる書籍としては『共有地をつくる：わたしの「実践私有批判」』（ミシマ社、２０２２年）がある。以後、伊藤洋志監修の『小商いのはじめかた：身の丈にあった小さな商いを自分ではじめるための本』（東京書籍、２０１４年）、雑誌『スペクテイター Vol.34：ポートランドの小商い』（幻冬舎、２０１５年）、西田司ほかによる『小商い建築、まちを動かす！：建築・不動産・運営の視点で探る12事例』（ユウブックス、

マルクス主義が『プチ・ブルジョワジー（小ブルジョワ）』と呼んで軽蔑してきた階級である」とありましたが、その「小商店主や職人」ということばから、男性が獲ってきた魚介を「時価」を決めて市場で販売する女性たちや、ろくろを回してつくったお椀を里の人に売る木地師の姿を思い浮かべてみると、そこにまさに網野さんが言うところの「百姓」の重要な構成員の姿が浮かび上がってきます。

　こうした存在は民俗学では当たり前とされてきましたが、そこにあった経済主体としての複雑さを、近代社会は「農民」ということばのなかに押し込め平均化してしまったわけです。百姓という経営主体が本来もっていた複雑さに留意しておかないと、同じように「小商い」ということばのなかで平板化されてしまい、本来そこにあったはずのダイナミズムや柔軟性が見いだされなくなってしまうのではないかと感じます。

デジタル・プラットフォームと市場

若林　ここまで話してきた小商いとはまた別の次元の話になりますが、思うに、YouTuberというのは、現代において最もわかりやすい小商いだと思うんです。というより、デジタル・プラットフォームの機能自体が、ユーザーの小商いに適している

2022年）といった「小商い本」が断続的に刊行されている。

PayPal　電子メールアカウントとインターネットを利用した決済サービスで、PayPalアカウント間やクレジットカードでの支払い、口座振替による送金を行う。イーロン・マスクが率いた「X.com」とピーター・ティールが率いた「Confinity」の合併によって1998年に設立され、1999年にサービスをローンチし、eコマースの支払い手続きを一気に簡便化した。日本でのサービス開始は2009年。のちに、小規模メーカーや中古品の売買に特化したECサイト「eBay」に買収され、2015年に再び独立した。

Shopify　カナダのオタワを拠点とするeコマース企業および、同社が運営するオンラインストアやPOSシステム向けのeコマースプラットフォームを指す。オンラインストアをインターネットに展開する個人や小規模

わけです。

畑中　というと？

若林　現在の企業体というものは、もはや基本的に雇用を生み出すことはないように思うんです。デジタル・プラットフォームを担っているＩＴ業界がわかりやすいですが、イーロン・マスクが旧 Twitter において従業員数を実質８割削減してもサービス運営にはほとんど支障が出ませんでした。

デジタル社会における経済の主流は、企業主体の経済ではなく、むしろ、たくさんの個人がデジタル・プラットフォームを使って無数のスモールビジネスをつくっていくような経済になっていくという見通しがあります。実際、小売店をつくろうと思ったら、PayPal や Shopify を使って今日から始められるわけですし、すでに TikTok のようなソーシャルメディア上でもそれができるようになっています。いまのところそうしたスモールビジネスのありようは、「クリエイターエコノミー」ということばで説明されていますが、いわばその現代の小商いのわかりやすいモデルとして、YouTuber は存在しているわけです。

模の小売業者に対して、支払い、マーケティング、出荷、カスタマーエンゲージメントのためのツール群を提供することから始まったが、ブランドやメーカーが販売代理店や小売業社を介さずに直接消費者に商品を販売する「DtoC」の潮流に乗って急成長を遂げ、２０２４年時点で、世界１７５カ国以上で、２３０万以上の店舗に利用されている。

クリエイターエコノミー　三菱ＵＦＪリサーチ&コンサルティングが２０２３年に発表したレポート「国内クリエイターエコノミーに関する調査結果」によれば、クリエイターエコノミーとは、「クリエイターを中心とした経済圏を指し、YouTube や Instagram などクリエイターがユーザー（クリエイターの創作物の視聴や購入などを行う人々）と接点を有するプラットフォームだけでなく、クリエイターの活動を支えるマネジメントや事務手続き関連のサービスも含まれる」とされる。同レポートは、この経済圏が

もちろんそうした商人のビジネスは、プラットフォームに大きく依存していますので、小作人化されて従属させられてしまうような状況はありうるのですが、ともあれ、経済の中心が国でも大企業でもなく、人びとへと移ってシビック・エコノミーに転じていくのであれば、インターネット空間でみんなが商人になっていくという流れは加速していくはずです。

工藤　デジタル・プラットフォームで小商いを担うユーザーが、ある意味で小作農的な位置に甘んじざるを得ない点については、どう解決しうるんでしょうか。

若林　YouTubeなどが封建領主的だというのはおっしゃる通りで、そこをどう回避しうるのかは難しい問題ですが、ひとつはプラットフォームを多種多様な価値交換を行うことのできる「市場」として考えるのが重要な気がしています。

そうした観点から注目すべきは、中国のアプリなのではないかと思っています。音楽アプリにしても、中国のアプリではプラットフォーム上に自分の店を構えて、音源だけでなく、コンサートのチケットやグッズを販売したり、動画を配信してファンとコミュニケーションをとったりすることもできるといった交換のための市場になって

「2021年から2022年にかけても大きな成長が見られ、（中略）前年比21・9％増の1兆6552億円」に達したと報告している。クリエイターエコノミーの詳細については、次世代エンタメビジネス研究の第一人者・中山淳雄の『推しエコノミー：「仮想一等地」が変えるエンタメの未来』（日経BP、2021年）、『クリエイターワンダーランド：不思議の国のエンタメ革命とZ世代のダイナミックアイデンティティ』（日経BP、2024年）は必読。コクヨ野外学習センター編『ファンダムエコノミー入門：BTSから、クリエイターエコノミー、メタバースまで』（プレジデント社、2022年）も併読をオススメする。

います。つまり、そこでは「クリエイター＝商人」なんですね。もちろん手数料は取られるわけですが、そのありようはマーケットというものの原理的な構造に近いはずです。

第1回でも触れましたが、『働くことの人類学【活字版】：仕事と自由をめぐる8つの対話』のなかで、東南アジア出身で世界中で暮らす「モン」という人びとのうち、フランス南部でズッキーニ農家を営んで暮らすモンを中心に調査・研究をしている中川理先生に登場いただきました。中川先生は、ズッキーニ農家＝生産者であるモンたちが仲介業者と市場で渡り合うとき、「資本力がどれだけ違っていても、この市場という場所では対等」な関係にあると言います。そして彼らが、マーケットは自分たちの味方だと考えている、ともおっしゃっています。

モンの人たちだけでなく、南フランスの農民一般にとって、市場というものは基本的にすごくいいものなんです。「市場は小さな者たちの自由を保障してくれる制度である」「だから守らないといけない」と彼らは言います。それに対して独占は悪いものと考えられています。

『働くことの人類学【活字版】：仕事と自由をめぐる8つの対話』37頁の脚註を参照のこと。

「隠田の水車」。葛飾北斎『冨嶽三十六景』より

Photo by Buyenlarge/Getty Images

私たちは、市場万能主義＝資本主義のように思ってしまいがちですけれども、彼らの頭のなかでは市場と資本主義のあいだには、かなりきっちりと線が引かれていて、市場は私たちのもの、資本主義は彼らのもの、と明確に分けているそうです。

畑中　市場には、資本主義的ではない可能性がある、ということですね。

若林　それどころか、むしろ真逆のものとして理解するということが重要なのではないかと個人的には思っています。黒田美代子先生というイスラーム研究者が、『商人たちの共和国：世界最古のスーク、アレッポ』という書籍のなかで、中東の伝統的市場、バザールである「スーク」について述べておられることも、この話に近いと思います。

スークでは、定価は一応存在するけれど、「一物一価」ではなく常に交渉や人間関係によって決まる「一物多価」のシステムになっていまして、一物一価の定価システムは、均衡的であるからこそ近代資本主義的な商業形態を加速させてしまうというのが、黒田先生のおっしゃるところです。

インターネット空間は、Ｐ２Ｐの取引が活発に発生するマーケットであるべきだと

『商人たちの共和国：世界最古のスーク、アレッポ』「マーケット」というものの原初の姿を、シリアはアレッポのスーク（バザール）に求めた名著。長年行ってきたフィールドワークからアレッポの商人世界の活力と真髄を克明に描き出す。イスラム文化研究者・黒田美代子が唯一遺した著書で、初版は１９９５年に、新版は２０１６年に、ともに藤原書店から刊行された。

いうことは、インターネットが登場した当初から議論されてきたことですが、実際、インターネットが一次生産物の大量販売ではなくむしろ中古品のP2P的な売買に向いていて、そうしたマーケットを飛躍的に伸張させたこと、中国のビジネスアプリが零細業者たちをオンライン上でネットワーク化することで強者がひとり勝ちするような状況を回避したといったことは、商人世界の市場観において見つめ直すと、納得感がありますし、ある意味必然でもあるんですね。

その一方で、こうした「商人」や「市場」を過度にロマン化することに対しては当然批判もありまして、例えば安野眞幸先生の『日本中世市場論：制度の歴史分析』という本は、公権力や司法制度の関わりといったさまざまな側面から日本中世の市場の姿をリアリスティックに描き出していて勉強になります。

結局会社は要るのか

畑中　と、ここまで話してきて、「結局会社は要るのか」というスタート地点に戻るわけですね。

『日本中世市場論：制度の歴史分析』　『下人論：中世の異人と境界』（日本エディタースクール出版部、1987年）、『バテレン追放令：16世紀の日欧対決』（日本エディタースクール出版部、1989年／ちくま学芸文庫、2023年）、『教会領長崎：イエズス会と日本』（講談社、2014年）などで知られる中世史の大家が、「制度」が交錯しせめぎ合う場としての市場の姿を浮き彫りにした重要作。「裁判の場」「裏切りの場」「支払いの場」「文書作成の場」「身曳きの場」としての中世日本の市場を詳細に論じ、網野善彦の〝詩的〟な「公界」論を批判的に検証する。2018年に名古屋大学出版会より刊行。

若林　どうなんでしょうね。でも、いずれにせよ自社のなかでアイデアや新商品を絶えず生み出していくということはもはや限界だとも思えますので、その意味で、工藤さんが先日取材された〈CAN-PANY〉さんのような存在は、とても可能性がある気がします。

工藤　２０２３年５月に東京・清澄白河にオープンした、「ノンアルコール」「缶」「小ロット」で飲料開発や製造・充填を行う工場ですね。ブックショップ〈Utrecht〉の後、〈mitosaya 薬草園蒸留所〉を手がけてきた蒸留家・江口宏志さんたちによる新しいプロジェクトです。

若林　例えばWORKSIGHTで新しくジンジャーエールをつくりたいと思ったら、大量生産のラインでは不可能な小ロットで、レシピ開発から缶への充填まで相談できる、というような場所なのだそうですが、これも私は一種のプラットフォームとして考えることができると思っています。

その意味では、例えば名だたる電機メーカーが、面白いアイデアだけれども売上規模があまりに小さい社内の企画を、子会社としてスピンアウトさせるといったやり方

CAN-PANY　〈mitosaya 薬草園蒸留所〉を率いてきた江口宏志が「小ロット」「ノンアルコール」「コラボレーション」をコンセプトに開業した、飲料の製造・充填を行う都市型のボトリング工場。２０２３年に東京の清澄白河にオープンした。WORKSIGHTでは、「少しずつ缶につめる、ファブリケーション飲料の未来：町工場 CAN-PANY の充填室より」のタイトルで江口とレシピ開発チーフ・JUNERAY のインタビュー記事を２０２３年７月に公開した。

を取りつつ、生産ラインや経理や法務のようなバックヤードは自社のものを共有化してあげる、といったかたちを模索しているのもプラットフォーム的なあり方だといえます。

工藤　会社がスモールビジネスを支援する一種のプラットフォームになっている、ということですよね。

畑中　なるほど、会社内、あるいは微妙に外に出しながらの小商い、ということなんですね。そうしたやり方を模索しないと、会社全体がもたない、と。

若林　大きな会社という存在が厳しくなってきていることはたしかだと思うのですが、その一方で、じゃあ大手企業を退職して個人で会社を立ち上げようとしても、例えば労務・財務・法務のノウハウはほとんどの人がもっていませんから、起業のハードルが高いという問題があります。それを解決する上でも、多くの会社で蓄積されている知見やアセットを、労務・財務・法務といったバックヤードに限らず、広くスモールビジネスのプレイヤーたちと共有するといったアイデアはもっとあっていい気がします。

例えば4ADやラフ・トレードといったイギリスの有名な音楽インディ・レーベルを傘下に置く、ベガーズ・グループは、傘下に収めている複数のレーベルの経営には口を出さないのですが、労務・財務・法務といったバックエンドやグローバルのマーケティングの業務は、一元化して共有化しているそうです。

工藤　面白いですね。企業がプラットフォーム化していくというのは、言われてみればすでに起きていることかもしれなくて、いわゆる「プロジェクト・ベース」の働き方なんていうのは、見方を変えると企業のプラットフォーム化ですよね。

若林　ほんとですね。ちょっと話が逸れてしまうのですが、第5回で話した「利益」と「売り上げ」の話に関連して思うのは、日本の会社って要するに営業文化なんですよね。多く売るのが善という価値観が日本の会社の根本における精神だとするなら、当然、そのドライバーになるのは営業部で、そうであればこそ、いわゆる飲み会や接待といったものが、長らく会社文化を規定することになってきたのではないかと思ったりします。

ベガーズ・グループ　4AD、Matador Records、Rough Trade Records、XL Recordings、Young といった世界的に知られる音楽レーベルを傘下におさめる同グループは、個々のレーベルの自主性は尊重しながらも、経理や法務、労務管理などのバックヤードを、共通で提供している。元々は、レコード店「Beggars Banquet record shops」として1973年にロンドンでオープン、レーベル業務は1977年にスタートし、ゲイリー・ニューマンのヒットでビジネスを軌道に乗せた。現在はロンドン、ニューヨーク、ロサンゼルス、オースティンに拠点をもつ。

『明治大正史：世相篇』　1931年1月に朝日新聞社から刊行された柳田国男の重要作。『明治大正史』と銘打たれた全6巻の第4巻としてリリースされた。巻ごとに編著者が異なり、第1巻「言論篇」を美土路昌一、第2巻「外交篇」を永井万助、第3巻「経済篇」を牧野輝智、第4巻「世相篇」を柳田国男、第5巻「芸術篇」

畑中　柳田国男の『明治大正史：世相篇』には「酒」という章があって、日本社会ではみんな、昔はハレの日以外、日常的にお酒を飲んだりしなかったというように書かれているんですよね。柳田の『世相篇』は、近代化の過程で人びとの感情がどう変化したか、変化しなかったかをたどったものですが、この本が刊行された1931年の段階では「会社」や「会社員」は、民俗学的にたどるべき感情史を、まだもっていませんでした。

工藤　感情ですか。

畑中　はい。今回のイベント直前、私の新刊『感情の民俗学：泣くことと笑うことの正体を求めて』が刊行されました。見きわめがたい感情の正体をつきとめてみたいという動機から執筆した本ですが、実はかなり苦労しまして、結局堂々めぐりに陥ったような気がします。同じように「会社」も「会社員」も、存在していることは間違いないのに、正体をつかもうとすればするほど、その実態からかけはなれていくのではないか、というのがこのシリーズを終えるにあたっての率直な感想です。

を土岐善麿、第6巻「政治篇」を野村秀雄が担当した。新聞という視点から日本の近代史を捉え直すことを趣旨としており、政治学者の苅部直は、WEB記事「日本思想史の名著を読む」のなかで、本書執筆に賭ける柳田の意気込みを刊行予告の文章から拾っている。「日本は如何なる国、今はどういふ時かといふ問題は、単に大きな過去の事件だけを、並べて見たのでは答にならない。世の中は我々が忘れたり、省みなかつたりして居るうちに追々に改まつて来たのである。だから此一巻では出来る限り、目で見、耳で聴き、口で味ひ、鼻で嗅ぐやうな的確なる事実に基いて、どれだけ時勢が変り、どれだけ又国柄が残り伝はつて居るかを、明かにして見ようといふのである。我々は既に歴史の参加者では無いか。我々の承認し得ざる歴史といふものが有らう筈は無い。しかも新聞の日々の記録を利用しなかつたら、歴史は尚いつ迄も二三の英雄によつて作られるといふやうな、飛んだ迷信から脱することが出来なかつたらう」。

工藤　本当にそうですね。

畑中　その上、「会社」も「会社員」も現在進行形で変化しています。絶えず変化し、流動している事態や現象の、その変化や流動自体を対象にしたのが柳田の『世相篇』だったわけですが、「会社」と「会社員」の変化や流動性は、本当にとらえどころがないですよね。

　このシリーズも、とらえどころのない「会社」と「感情」を掛け合わせて、「会社の感情史」としたほうがその正体に近づけたかもしれませんね。ただいずれにしても、こうしたかたちで「会社」に迫ろうとした試みは、他にはあまりなかったはずです。日々転変する「会社」や「会社文化」の厄介さを引き受けることを、民俗学者として、ぜひ継続して課題にしたいと思います。

現在では講談社学術文庫（１９９３年）、角川ソフィア文庫（２０２３年）で読むことができる。

『感情の民俗学：泣くことと笑うことの正体を求めて』　畑中章宏が２０２３年にイースト・プレスから刊行した野心作。日本の民俗的な日常のなかから、笑うことと泣くことにまつわるエピソードを収集し、日本人にとっての「感情」のありかを探る。

「事務」はどこへ行くのか

会社の補助線 **10**

Text by Akihiro Hatanaka

会社で働く人をその業務内容によって分類する場合、〝技術系〟と〝事務系〟と〝営業系〟に大別することに、それほど異存ないだろう。しかしそうするとそれぞれの仕事については、歴史的にも、感覚的にもある種の属性と抜きがたいイメージがともなってしまう。宮本常一は1960年代の半ばに、技術者軽視を指摘していた(前出『生きていく民俗:生業の推移』より)。

明治以来の新しい産業が生み出した新しい職業のなかにも、前代までの貴賤の観念は残った。会社に勤めても、工場で働く職工がもらうのは「賃金」で、デスクに座って事務をとるものがもらうのは「給料」だった。その上、工場には「社外工」と呼ばれる日雇労働者的な臨時工が多い。しかもこの区別は明瞭で、職工が事務社員になることは少なかった。

また〝技術系〟は〝事務系〟に使われるのが当然で、〝技術系〟が会社の重役になることはほとんどなく、職人を冷遇する古い態度がそのままもち込まれていたのだった。土木建築の工事でも、出来栄えを賞賛されるのは工事を直接担当した大工や石工ではなく、その工事を計画し出資した人だった。

ただ時代は変わって、現在では〝技術系〟〝営業系〟に対して、〝事務系〟は肩身が狭くなっているのではないか。英文学者・文芸評論家の阿部公彦は著書『事務に踊る人々』(講談社、2023年)で、「現代の社会で不当に軽視され、嫌がられ、ときには蔑まれてきた事務の営み」とまで書いている。しかし、阿部はこの本で、夏目漱石、ジョナサン・スウィフト、トマス・ハーディ、小川洋子、チャールズ・ディケンズ、西村賢太、三島由紀夫らの文学作品を、ある場合には彼らの人生を読み直すことで、事務に対する再考、再評価を試みているのである。

坂口恭平と道草晴子の『生きのびるための事務』(マガジンハウス、2024年)では、「事務」は不可思議な「ジム」という存在として人格化され、人生の事務化を促す。生きのびるためには理想や計画のクールな客体化が必要なのだ。現代美術史や現代写真史を援用した(マルセル・デュシャンやアルフレッド・スティーグリッツらのエピソードが描かれる)坂口の主張は説得力に富み、仕事と人生における事務の復権が図られているのである。

阿部の本も、坂口・道草の本も、この時代に労働を相対化するため、あえて「事務」を取り出してみたのだろう。日本人にとって毀誉褒貶がはなはだしい「事務」は、いったいこれからどこへ行くのだろうか。

本書で取り上げた本

会社と社会を考えてみるためのブックリスト

第１回　会社がわからない

『B Corpハンドブック：よいビジネスの計測・実践・改善』ライアン・ハニーマン、ティファニー・ジャナ／鳥居希、矢代真也、若林恵・監訳／B Corpハンドブック翻訳ゼミ・訳／バリューブックス・パブリッシング、２０２２年

『忘れられた日本人』宮本常一／未来社、１９６０年／岩波書店、１９８４年

『「忘れられた日本人」をひらく：宮本常一と「世間」のデモクラシー』若林恵、畑中章宏／黒鳥社、２０２３年

『社会人の誕生』杉森孝次郎／隆文館、１９２２年

『故旧忘れ得べき』高見順／人民社、１９３６年／小学館、２０２２年

『明治のことば：東から西への架け橋』齋藤毅／講談社、１９７７年

『明治のことば：文明開化と日本語』齋藤毅／講談社、２００５年

『万物の黎明：人類史を根本からくつがえす』デヴィッド・グレーバー、デヴィッド・ウェングロウ／酒井隆史・訳／光文社、２０２３年

『自然選択による人間社会の起源』ジョナサン・H・ターナー、アレキサンドラ・マリアンスキー／正岡寛司・訳／学文社、２０１７年

『社会の起源：動物における群れの意味』菊水健史／市川眞澄・編／共立出版、２０１９年

『ヒトの社会の起源は動物たちが知っている：「利他心」の進化論』エドワード・O・ウィルソン／小林由香利・訳／NHK出版、２０２０年

『タテ社会の人間関係：単一社会の理論』中根千枝／講談社、１９６７年

『適応の条件：日本的連続の思考』中根千枝／講談社、１９７２年

『タテ社会の力学』中根千枝／講談社、１９７８年

『タテ社会と現代日本』中根千枝／現代新書編集部・編／講談社、２０１９年

『「甘え」の構造』土居健郎／弘文堂、１９７１年／弘文堂、２００７年

『「世間」とは何か』阿部謹也／講談社、１９９５年

『古代中国の社：土地神信仰成立史』エドゥアール・シャヴァンヌ／菊地章太・訳注／平凡社、２０１８年

『司馬遷と史記』エドゥアール・シャヴァンヌ／岩村忍・訳／新潮社、１９７４年

『泰山：中国人の信仰』エドゥアール・シャヴァンヌ／菊地章太・訳注／勉誠出版、２００１年／平凡社、２０１９年

『日本社会のしくみ：雇用・教育・福祉の歴史社会学』小熊英二／講談社、２０１９年

『日本労働組合物語』大河内一男、松尾洋／筑摩書房、１９６５-７３年

『オオカミの護符』小倉美惠子／新潮社、２０１１年／２０１４年

『日本商人の源流：中世の商人たち』佐々木銀弥／教育社、１９８１年／筑摩書房、２０２２年

『中世の商業』佐々木銀弥／至文堂、１９６１年
『中世商品流通史の研究』佐々木銀弥／法政大学出版局、１９７２年
『日本中世の都市と法』佐々木銀弥／吉川弘文館、１９９４年
『日本中世の流通と対外関係』佐々木銀弥／吉川弘文館、１９９４年
『働くことの人類学【活字版】：仕事と自由をめぐる8つの対話』松村圭一郎＋コクヨ野外学習センター・編／黒鳥社、２０２１年
『日本の歴史をよみなおす（全）』網野善彦／筑摩書房、１９９１年／２００５年
『日本経営史（新版）：江戸時代から21世紀へ』宮本又郎、阿部武司、宇田川勝、沢井実、橘川武郎／有斐閣、２００７年
『日本経営史〔第3版〕：江戸から令和へ・伝統と革新の系譜』宮本又郎、阿部武司、宇田川勝、沢井実、橘川武郎／有斐閣、２０２３年
『大企業の誕生：アメリカ経営史』アルフレッド・D・チャンドラーJr.／亜紀書房、１９８６年／筑摩書房、２０２１年
『組織は戦略に従う』アルフレッド・D・チャンドラーJr.／有賀裕子・訳／ダイヤモンド社、２００４年
『経営者の時代：アメリカ産業における近代企業の成立』上・下巻／アルフレッド・D・チャンドラーJr.／鳥羽欽一郎、小林袈裟治・訳／東洋経済新報社、１９７９年
『河原にできた中世の町：へんれきする人びとの集まるところ』網野善彦・文、司修・絵／岩波書店、１９８８年
「売買・質入れと所有概念」勝俣鎮夫／『日本の社会史 第4巻：負担と贈与』／岩波書店、１９８６年

第2回　ふたつの「勤勉」

『論語と算盤』渋沢栄一／東亜堂書房、１９１６年／角川学芸出版、２００８年
『プロテスタンティズムの倫理と資本主義の精神』マックス・ヴェーバー／梶山力・訳／有斐閣、１９３８年／梶山力、大塚久雄・訳／岩波書店、１９５５年／中山元・訳／日経ＢＰ、２０１０年
『現代語訳 論語と算盤』渋沢栄一／守屋淳・訳／筑摩書房、２０１０年
『学問のすゝめ』福沢諭吉／慶應義塾出版社、１８８０年／岩波書店、１９７８年
『現代語訳 学問のすすめ』福沢諭吉／齋藤孝・訳／筑摩書房、２００９年
『論語』金谷治・訳註／岩波書店、１９６３年
『福翁夢中伝』荒俣宏／早川書房、２０２３年
『観光客の哲学 増補版』東浩紀／ゲンロン、２０２３年
『宗教社会学論選』マックス・ヴェーバー／大塚久雄、生松敬三・訳／みすず書房、１９７２年／２０１９年
『世界宗教の経済倫理：比較宗教社会学の試み 序論・中間考察』マックス・ヴェーバー／中山元・訳／日経ＢＰ、２０１７年
『日本の近代化と民衆思想』安丸良夫／青木書店、１９７４年／平凡社、１９９９年
『近世日本の経済社会』速水融／麗澤大学出版会、２００３年
『日本における経済社会の展開』速水融／慶應通信、１９７３年
『会社はこれからどうなるのか』岩井克人／平凡社、２００３年／２００９年

『ヴェニスの商人の資本論』岩井克人／筑摩書房、1985年／2003年
『貨幣論』岩井克人／筑摩書房、1993年
『鐘紡の汽笛』（現「クラシエニュース」）／鐘淵紡績（現クラシエ）、1903年-現在
『女子の友』／鐘淵紡績、1904-不明
『武藤山治：日本的経営の祖』山本長次／日本経済評論社、2013年
『オリヴァー・ツイスト』チャールズ・ディケンズ、加賀山卓朗・訳／新潮社、2017年
『民主主義の非西洋起源について：「あいだ」の空間の民主主義』デヴィッド・グレーバー／片岡大右・訳／以文社、2020年
『1兆円を盗んだ男：仮想通貨帝国FTXの崩壊』マイケル・ルイス／小林啓倫・訳／日経BP、2024年
「受けうりばなし 一、二、三」『渋沢敬三著作集 第3巻』渋沢敬三／平凡社、1992年

第3回　家と会社と女と男

『大正期の職業婦人』村上信彦／ドメス出版、1983年
『高群逸枝と柳田国男』村上信彦／大和書房、1977年
『明治女性史』上・下巻／村上信彦／理論社、1969-72年
『大正女性史〈上巻〉』村上信彦／理論社、1982年
『婦人之友』／婦人之友社、1908年-現在
『家計簿』／婦人之友社、1904年-現在
『女の民俗誌』宮本常一／岩波書店、2001年
『女工哀史』細井和喜蔵／改造社、1925年／岩波書店、1980年
『改造』／改造社、1919-1955年
『わたしの「女工哀史」』高井としを／草土文化、1980年／岩波書店、2015年
『あゝ野麦峠：ある製糸工女哀史』山本茂実／朝日新聞社、1968年／角川書店、1977年
『ポプラ社の創作絵本 4：野麦峠をこえて』山本茂実・文、佐藤忠良・絵／ポプラ社、1973年
『続あゝ野麦峠：ある製糸工女哀史』山本茂実／朝日新聞社、1980年
『富岡日記』和田英／古今書院、1931年／筑摩書房、2014年
『富岡日記：富岡入場略記・六工社創立記』和田英／東京法令出版、1965年
『現代日本記録全集10 日本の女性』原田伴彦・編／筑摩書房、1968年
『日本庶民生活史料集成 第12巻』宮本常一、原田伴彦、原口虎雄・編／三一書房、1971年
『定本 富岡日記』和田英／上条宏之・監修／創樹社、1976年

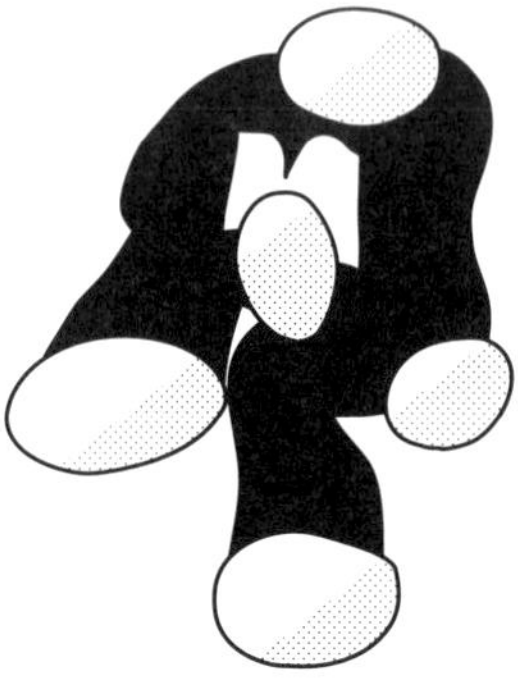

『職工事情』上・中・下巻／犬丸義一／岩波書店、１９９８年

『女性の社会的地位再考』網野善彦／御茶の水書房、１９９９年

『「痴漢」の文化史：『痴漢』から『チカン』へ』岩井茂樹／『日本研究』第49集／『日本研究』編集委員会・編著／国際日本文化研究センター、２０１４年

『痴漢とはなにか：被害と冤罪をめぐる社会学』牧野雅子／エトセトラブックス、２０１９年

『明治・大正・昭和 不良少女伝：莫連女と少女ギャング団』平山亜佐子／河出書房新社、２００９年／筑摩書房、２０２２年

『戦前尖端語辞典』平山亜佐子・編著／左右社、２０２１年

『問題の女：本荘幽蘭伝』平山亜佐子／平凡社、２０２１年

『明治大正昭和：化け込み婦人記者奮闘記』平山亜佐子／左右社、２０２３年

『戀の丸ビル』田村紫峰／カネー社、１９２５年

『母系制の研究：大日本女性史１』高群逸枝／恒星社厚生閣、１９３８年／講談社、１９７９年

『招婿婚の研究』高群逸枝／大日本雄弁会講談社、１９５３年／理論社、１９８６年

『娘巡礼記』高群逸枝／朝日新聞社、１９７９年／岩波書店、２００４年

『高群逸枝 １８９４-１９６４：女性史の開拓者のコスモロジー』芹沢俊介、服藤早苗、山下悦子・編／別冊「環」26／藤原書店、２０２２年

『最後の人：詩人 高群逸枝』石牟礼道子／藤原書店、２０１２年

『日本のフェミニズム：１５０年の人と思想』井上輝子／有斐閣、２０２１年

『女性学とその周辺』井上輝子／勁草書房、１９８０年

『新・女性学への招待：変わる／変わらない 女の一生』井上輝子／有斐閣、２０１１年

『反響』反響社、１９１４-１９１５

『青鞜』／青鞜社、１９１１-１９１６年

『ジャーナリスト与謝野晶子』松村由利子／短歌研究社、２０２２年

『短歌を詠む科学者たち』松村由利子／春秋社、２０１６年

『少年少女のための文学全集があったころ』松村由利子／人文書院、２０１６年

『お嬢さん、空を飛ぶ：草創期の飛行機を巡る物語』松村由利子／ＮＴＴ出版、２０１３年

『女人創造』与謝野晶子／白水社、１９２０年

『新編 激動の中を行く：与謝野晶子女性論集』与謝野晶子／もろさわようこ・編／新泉社、２０２１年

『女性差別はどう作られてきたか』中村敏子／集英社、２０２１年

『日本の家族と民法』加賀山茂／家族法講義 第2回 序論・結論／名古屋大学大学院法学研究科、２００４年

『三くだり半：江戸の離婚と女性たち』高木侃／平凡社、１９８７年／１９９９年

『三くだり半と縁切寺：江戸の離婚を読みなおす』高木侃／講談社、１９９２年／吉川弘文館、２０１４年

『日本近代社会史：社会集団と市場から読み解く １８６８-１９１４』松沢裕作／有斐閣、２０２２年

『生きづらい明治社会：不安と競争の時代』松沢裕作／岩波書店、２０１８年

『江戸のキャリアウーマン：奥女中の仕事・出世・老後』柳谷慶子／吉川弘文館、２０２３年
『近世の女性相続と介護』柳谷慶子／吉川弘文館、２００７年
『江戸時代の老いと看取り』柳谷慶子／山川出版社、２０１１年
『公民の民俗学』大塚英志／作品社、２００７年
『「つながり」と健康格差：なぜ夫と別れても妻は変わらず健康なのか』村山洋史／ポプラ社、２０１８年
『海女記』瀬川清子／三国書房、１９４２年
『販女』瀬川清子／三国書房、１９４３年
『生きていく民俗：生業の推移』宮本常一／河出書房新社、１９６５年／２０１２年
『女系家族』山崎豊子／文藝春秋新社、１９６３年／新潮社、２００２年

第４回　立身出世したいか

『立志・苦学・出世：受験生の社会史』竹内洋／講談社、１９９１年／２０１５年
『会社苦いかしょっぱいか：社長と社員の日本文化史』パオロ・マッツァリーノ／春秋社、２０１７年
『穎才新誌』／製紙分社（穎才新誌社）、１８７７－１９０１年頃／不二出版、１９９１－１９９３年
『西国立志編』サミュエル・スマイルズ／中村正直・訳／静岡学問所、１８７１年／講談社、１９８１年
『セルフ・ヘルプ』サミュエル・スマイルズ／金子一雄、藤永二美・訳／１８５９年／ＰＨＰ研究所、２０１８年
『自助論』サミュエル・スマイルズ／竹内均・訳／三笠書房、１９８５年／２０１３年
『武家の女性』山川菊栄／三國書房、１９４３年／岩波書店、１９８３年
『わが住む村』山川菊栄／三國書房、１９４３年／岩波書店、１９８３年
『覚書 幕末の水戸藩』山川菊栄／岩波書店、１９７４年／１９９１年
『新女苑』／実業之日本社、１９３７－１９５９年
『木綿以前の事』柳田国男／岩波書店、１９７９年
『村の秋と豚』山川菊栄／宮越太陽堂書房、１９４１年
『近世巨大都市の社会構造』吉田伸之／東京大学出版会、１９９１年
『成熟する江戸：日本の歴史17』吉田伸之／講談社、２００２年／２００９年
『伝統都市・江戸』吉田伸之／東京大学出版会、２０１２年
『都市：江戸に生きる』吉田伸之／岩波書店、２０１５年
『リストラ無用の会社革命：ジョブ・ディスクリプションが雇用を変える』竹村健一、玄間千映子／太陽企画出版、２００３年
『非凡なる凡人』国木田独歩／集英社、１９７２年

『中学世界』／博文館、１８９８-１９２８年
『運命』国木田独歩／佐久良書房、１９０６年／岩波書店、２０２２年

第５回　何のための修養

『「修養」の日本近代：自分磨きの１５０年をたどる』大澤絢子／ＮＨＫ出版、２０２２年
『親鸞「六つの顔」はなぜ生まれたのか』大澤絢子／筑摩書房、２０１９年
「小泉八雲：怪談の近代」大澤絢子『日本仏教と西洋世界：龍谷大学アジア仏教文化研究叢書12』／法藏館、２０２０年
「新聞小説と親鸞──石丸梧平の人間親鸞像」大澤絢子『メディアのなかの仏教：近現代の仏教的人間像』／勉誠社、２０２０年
「吉川英治と日本主義：修養する武蔵と親鸞」大澤絢子『近代の仏教思想と日本主義』／法藏館、２０２０年
『会社のなかの宗教：経営人類学の視点』中牧弘允、日置弘一郎・編／東方出版、２００９年
『会社神話の経営人類学』日置弘一郎、中牧弘允・編／東方出版、２０１２年
『テキスト経営人類学』中牧弘允、日置弘一郎、竹内惠行・編／東方出版、２０１９年
『会社のカミ・ホトケ：経営と宗教の人類学』中牧弘允／講談社、２００６年
『天職に光あり：コクヨ黒田善太郎伝』小家敏男／朝日書院、１９６６年
『実業之日本』／実業之日本社、１８９７-２００２年
『ポケット顧問：や、此は便利だ』下中緑／下中芳岳・編／秋永東洋・編著／平凡社、１９１４年
『大百科事典』／木村久一・編／平凡社、１９３１-１９３５年
『世界大百科事典』／林達夫・編／平凡社、１９５５-１９５９年
『下中彌三郎：アジア主義から世界連邦運動へ』中島岳志／平凡社、２０１５年
『日本少年』／実業之日本社、１９０６-１９３８年
『婦人世界』／実業之日本社、１９０６-１９３３年
『少女の友』／実業之日本社、１９０８-１９５５年
『武士道』新渡戸稲造／櫻井鷗村・訳／丁未出版社、１９０８年／岩波書店、１９３８年
『修養』新渡戸稲造／実業之日本社、１９１１年／KADOKAWA、２０１７年
『現代日本の死と葬儀：葬祭業の展開と死生観の変容』山田慎也／東京大学出版会、２００７年
『現代の葬送儀礼』山田慎也／国立歴史民俗博物館、２００７年
『近代化のなかの誕生と死：歴博フォーラム 民俗展示の新構築』山田慎也、国立歴史民俗博物館・編／岩田書院、２０１３年
『われ損の道をゆく：人間立直りの記』鈴木清一／日本実業出版社、１９７３年
『めい・あい・へるぷ・ゆう：ふれあいの店づくり』鈴木清一、斎藤宣純、村井嘉治／ダイヤモンド社、１９７６年

『敗れざる者：ダスキン創業者・鈴木清一の不屈の精神』神渡良平／ＰＨＰ研究所、２０１１年
『懺悔の生活』西田天香／春秋社、１９２１年／２０１８年
「物語る「職工たち」：八幡製鉄所とお小夜狭吾七の祟りをめぐって」『八幡製鉄所・職工たちの社会誌』金子毅／草風館、２００３年
「殉職者はいかにして企業守護神となりえたか：『安全』理念の実践をめぐる労使間のポリティクスを中心に」金子毅／『宗教と社会』９巻／「宗教と社会」学会、２００３年
「『安全』理念に見る日本的服従の原理：文化論的アプローチ」金子毅／『社会安全学研究』第10巻／関西大学 社会安全研究センター、２０２０年
『掃除と経営：歴史と理論から「効用」を読み解く』大森信／光文社、２０１６年
『トイレ掃除の経営学：Strategy as Practice アプローチからの研究』大森信／白桃書房、２０１１年
『そうじ資本主義：日本企業の倫理とトイレ掃除の精神』大森信／日経ＢＰ、２０１５年
「会計用語としてののれん概念について」山本誠／大阪商業大学論集第１８１号、２０１６年
『大阪アースダイバー』中沢新一／講談社、２０１２年
『ＮＨＫ１００分de名著 レヴィ＝ストロース「野生の思考」』中沢新一／ＮＨＫ出版、２０１６年

第6回　サラリーマンの欲望

『〈サラリーマン〉の文化史：あるいは「家族」と「安定」の近現代史』鈴木貴宇／青弓社、２０２２年
『浮雲』二葉亭四迷／金港堂、１８８７年／新潮社、１９５１年
『岸田國士 1：紙風船／驟雨／屋上庭園ほか』岸田國士／早川書房、２０１１年
『君の名は』１－４巻／菊田一夫／河出書房新社、１９９１年
『三等重役』源氏鶏太／毎日新聞社、１９５１年／新潮社、１９５７年
『江分利満氏の優雅な生活』山口瞳／文藝春秋、１９６３年／筑摩書房、２００９年
『コレクション・戦後詩誌 第8巻：社会主義リアリズムの系譜』鈴木貴宇・編／ゆまに書房、２０１７年
『高度経済成長の時代：戦後日本を読みかえる3』／坪井秀人・編／石川巧、岡田秀則、鈴木貴宇、渡邊英理、長瀬海、中谷いずみ、新城郁夫・編著／臨川書店、２０１９年
『サラリーマン漫画の戦後史』真実一郎／洋泉社、２０１０年／２０１８年
『課長 島耕作』弘兼憲史／講談社、１９８５－１９９２年
『サラリーマン金太郎』本宮ひろ志／集英社、１９９４－２０１６年
『釣りバカ日誌』／小学館、１９８０年－現在
『ぼく、オタリーマン。』よしたに／中経出版、２００７－２０１３年
『特命係長 只野仁』柳沢きみお／講談社、１９９８－２００１年
『社畜！ 修羅コーサク』江戸パイン／講談社、２０１６－２０１７年
『不倫：実証分析が示す全貌』五十嵐彰、迫田さやか／中央公論新社、２０２３年

『移民政策とは何か：日本の現実から考える』高谷幸、樋口直人、稲葉奈々子、奥貫妃文、榎井縁、五十嵐彰、永吉希久子、森千香子、佐藤成基、小井土彰宏高谷幸／人文書院、2019年

『日本人は右傾化したのか：データ分析で実像を読み解く』／田辺俊介・編著／勁草書房、2019年

『夫婦格差社会：二極化する結婚のかたち』橘木俊詔、迫田さやか／中央公論新社、2013年

『離婚の経済学：愛と別れの論理』橘木俊詔、迫田さやか／講談社、2020年

『社宅街：企業が生んだ住宅地』社宅研究会・編著／学芸出版社、2009年

『民俗のふるさと』宮本常一／未来社、1964年／河出書房新社、2012年

『美しき町』『棒がいっぽん』高野文子／マガジンハウス、1995年

『近代化日本の精神構造：定本 見田宗介著作集〈第3巻〉』見田宗介／岩波書店、2012年

『現代日本の心情と論理』見田宗介／筑摩書房、1971年

『近代日本の心情の歴史：流行歌の社会心理史』見田宗介／講談社、1967年／1978年

「娘と妻と母の衛生読本」（『主婦之友』1937年8月号附録）／主婦之友社・編／主婦之友社、1937年

『妾と愛人のフェミニズム：近・現代の一夫一婦の裏面史』石島亜由美／青弓社、2023年

『モダン層とモダン相』大宅壮一／大鳳閣書房、1930年

『若き世代への恋愛論』宮本百合子／白揚社、1937年（『昼夜随筆』より）／新日本出版社、1979年

『昼夜随筆』宮本百合子／白揚社、1937年

『大政翼賛会前後』杉森久英／文藝春秋、1988年／筑摩書房、2007年

『楽しき住家』西村伊作／警醒社書店、1919年

『西村伊作の楽しき住家：大正デモクラシーの住い』田中修司／はる書房、2001年

『愉快な家：西村伊作の建築』黒川創、藤森照信、坂倉竹之助、大竹誠、田中修司／LIXIL出版、2011年

『銀行員の詩集 1952年版』野間宏、伊藤信吉・選／全国銀行従業員組合連合会文化部、1952年

『ひろば』／全国銀行従業員組合連合会（銀行労働研究会）、1951-1964年／不二出版、2018-2019年

『詩の中にめざめる日本』真壁仁／岩波書店、1966年／2012年

第7回　会社は誰がために

『ブルシット・ジョブ：クソどうでもいい仕事の理論』デヴィッド・グレーバー／酒井隆史、芳賀達彦、森田和樹・訳／岩波書店、2020年

『官僚制のユートピア：テクノロジー、構造的愚かさ、リベラリズムの鉄則』デヴィッド・グレーバー／酒井隆史・訳／以文社、2017年

『人造人間』カレル・チャペック／宇賀伊津緒・訳／春秋社、1923年

『ロボット：RUR』カレル・チャペック／阿部賢一・訳／中央公論新社、2020年

『「家庭料理」という戦場：暮らしはデザインできるか？』久保明教／コトニ社、2020年

『ロボットの人類学：二〇世紀日本の機械と人間』久保明教／世界思想社、２０１５年

『機械カニバリズム：人間なきあとの人類学へ』久保明教／講談社、２０１８年

『ブルーノ・ラトゥールの取説：アクターネットワーク論から存在様態探求へ』久保明教／月曜社、２０１９年

『きょうの料理』／ＮＨＫ出版、１９５８年-現在

『スマイルズという会社を人類学する：「全体的な個人」がつなぐ組織のあり方』小田亮、熊田陽子、阿部朋恒／弘文堂、２０２０年

『利他学』小田亮／新潮社、２０１１年

『性風俗世界を生きる「おんなのこ」のエスノグラフィ：ＳＭ・関係性・「自己」がつむぐもの』熊田陽子／明石書店、２０１７年

『実践 日々のアナキズム：世界に抗う土着の秩序の作り方』ジェームズ・Ｃ・スコット／清水展、日下渉・中溝和弥・訳／岩波書店、２０１７年

『モーラル・エコノミー：東南アジアの農民叛乱と生存維持』ジェームズ・Ｃ・スコット／高橋彰・訳／勁草書房、１９９９年

『反穀物の人類史：国家誕生のディープヒストリー』ジェームズ・Ｃ・スコット／立木勝・訳／みすず書房、２０１９年

『ゾミア：脱国家の世界史』ジェームズ・Ｃ・スコット／佐藤仁・監訳／池田一人、今村真央、久保忠行、田崎郁子、内藤大輔、中井仙丈・訳／みすず書房、２０１３年

『小商いのすすめ：「経済成長」から「縮小均衡」の時代へ』平川克美／ミシマ社、２０１２年

『共有地をつくる：わたしの「実践私有批判」』平川克美／ミシマ社、２０２２年

『小商いのはじめかた：身の丈にあった小さな商いを自分ではじめるための本』伊藤洋志・監修／風来堂・編／東京書籍、２０１４年

『スペクテイター Vol. 34：ポートランドの小商い』／幻冬舎、２０１５年

『小商い建築、まちを動かす！：建築・不動産・運営の視点で探る12事例』西田司、神永侑子、永井雅子、根岸龍介、若林拓哉、藤沢百合／ユウブックス、２０２２年

『推しエコノミー：「仮想一等地」が変えるエンタメの未来』中山淳雄／日経ＢＰ、２０２１年

『クリエイターワンダーランド：不思議の国のエンタメ革命とZ世代のダイナミックアイデンティティ』中山淳雄／日経ＢＰ、２０２４年

『ファンダムエコノミー入門：ＢＴＳから、クリエイターエコノミー、メタバースまで』コクヨ野外学習センター・編／プレジデント社、２０２２年

『商人たちの共和国〈新版〉：世界最古のスーク、アレッポ』黒田美代子／藤原書店、１９９５年／２０１６年

『日本中世市場論：制度の歴史分析』安野眞幸／名古屋大学出版会、２０１８年

『下人論：中世の異人と境界』安野眞幸／日本エディタースクール出版部、１９８７年

『バテレン追放令：16世紀の日欧対決』安野眞幸／日本エディタースクール出版部、１９８９年／筑摩書房、２０２３年

『教会領長崎：イエズス会と日本』安野眞幸／講談社、２０１４年

『WORKSIGHT［ワークサイト］』／学芸出版社、２０１１年-現在

『明治大正史：世相篇』柳田国男／朝日新聞社、１９３１年

『感情の民俗学：泣くことと笑うことの正体を求めて』畑中章宏／イースト・プレス、２０２３年

『事務に踊る人々』阿部公彦／講談社、２０２３年

『生きのびるための事務』坂口恭平・原作／道草晴子・漫画／マガジンハウス、２０２４年

初出

本書は、誠品生活日本橋にて開催されたイベントシリーズ「会社の社会史」と、その内容をもとに制作したニュースレター「WORKSIGHT」の記事に大幅な加筆・編集を加えて制作された。

【第1回】 **イベント**……会社の社会史―第1回：はじまりの「会社」―未知なるものとしての「会社」―（2022年11月15日）
記事……「会社＝社会」という謎：民俗学者とともに考える「日本の会社」のわからなさ【会社の社会史 #1】（2023年2月21日）

【第2回】 **イベント**……会社の社会史―第2回：「勤労」をつくる―「働くこと」をめぐる新たな道徳―（2022年12月13日）
記事……日本の「勤勉」と資本主義の「倫理」：民俗学者と考える「会社」の謎【会社の社会史 #2】（2023年3月28日）

【第3回】 **イベント**……会社の社会史―第3回：女性が勤めること―女性の会社的地位―（2023年1月17日）
記事……会社と家と男女の役割と：民俗学者と考える労働・ジェンダー【会社の社会史 #3】（2023年4月25日）

【第4回】 **イベント**……会社の社会史―第2シーズン第1回：「奉公・出世・起業：ビジネスで『身を立てる』ということ」（2023年4月18日）
記事……「立身出世」の明日はどっちだ：民俗学者と読む「会社」の本【会社の社会史 #4】（2023年6月13日）

【第5回】 **イベント**……会社の社会史―第2シーズン第2回：「会社と宗教　カリスマ経営者とその霊性」（2023年5月16日）
記事……「人格」を磨いたら、どうなるの？：民俗学者と考察する「会社」の「修養」【会社の社会史 #5】（2023年7月4日）

【第6回】 **イベント**……会社の社会史―第2シーズン第3回：「オフィスとサラリーマン『サラリーマン』とは何ものなのか？」（2023年6月20日）
記事……「サラリーマン」の欲望と、無個性性の地平：鈴木貴宇さん、真実一郎さんと思案する「会社」【会社の社会史 #6】（2023年8月8日）

【第7回】 **イベント**……会社の社会史―最終回：「結局会社は要るのか」（2023年9月27日）
記事……結局会社は要るのか：1年間考え続けた、会社と日本社会の過去・現在・未来【会社の社会史 #7】（2023年10月17日）

会社と社会の読書会

発行日　2025年1月18日 第1版1刷

著者　畑中章宏・若林恵・山下正太郎・工藤沙希
ゲスト　鈴木貴宇・真実一郎
編集　コクヨ野外学習センター・WORKSIGHT
造本・デザイン　藤田裕美（FUJITA LLC.）
イラスト　OJIYU
テキスト構成　宮田文久・小林翔・若林恵
DTP　勝矢国弘
校閲　校正集団「ハムと斧」
制作・管理・販売　川村洋介
発行人　土屋繼
発行　株式会社黒鳥社　東京都港区虎ノ門3-7-5 虎ノ門ROOTS21ビル8階
ウェブサイト：https://blkswn.tokyo
メール：info@blkswn.tokyo
印刷・製本　株式会社シナノパブリッシングプレス

ISBN978-4-910801-01-8 Printed in Japan